나는 **적금보다**
5배 이상 버는
주식투자를
시작했다

나는 **적금보다**
5배 이상 버는
주식투자를
시작했다

| 공인회계사 손봉석 지음 |

적금보다 5배 이상 버는 주식투자 시작하기

2016년 3월, 이세돌은 알파고와 대국이 끝난 후 이렇게 이야기했다. "창의적인 수를 많이 둔 알파고에 굉장히 놀랐다. 직관과 통찰력이 아닌 계산만으로도 창의적인 바둑을 둘 수 있다는 데 충격을 받았다. 사람과의 대국에서는 심리적 동요가 있어 정답을 알고 있어도 다른 길을 둘 수 있지만 알파고는 동요가 전혀 없어 힘들었다."

투자에도 물론 직관과 통찰이 필요하다. 하지만 그건 프로투자자에게나 해당되는 얘기다. 개인투자자들은 오히려 알파고 같은 전략이 필요하다. 직관과 통찰이 아니라 계산된 '시스템'으로만 투자를 하는 것이 낫다는 말이다. 그러면 '시스템에 의한 투자'란 무엇인가?

알고 지내는 교육아카데미 소장이 어느 날 내게 투자 관련 아카

데미를 운영하면 어떻겠느냐며 의견을 물어왔다. 소장은 평소 내가 하는 주식투자 방법에 관심을 두고 있었다. 그래서 그 방법을 토대로 투자클럽을 만들어 교육을 하면 어떠냐며 조심스럽게 제안해온 것이다.

회계사로서 18년 이상을 살아오고 주식시장에서 10년 이상 투자를 해온 나에게도 투자는 절대 쉽지 않다. 왜냐하면 투자시장에는 나보다 더 깊은 지식과 오랜 경험과 풍부한 자금을 가진 프로들이 즐비하기 때문이다. 이들과 항상 싸워야 한다는 사실이 투자를 어렵게 만든다.

그런데도 보통 개인투자자들은 이렇게 어려운 투자시장에 아무런 준비를 하지 않고 들어온다. 개인투자자들이 할 수 있는 것이라고는 책이나 뉴스를 읽고 전문가라고 하는 사람들의 추천을 받는 정도가 대부분이다. 프로들은 매일 투자에 신경을 쓰고 있지만 개인들은 본업이 있으면서 부업으로 투자를 조금씩 하는 사람들이다. 이런 아마추어가 프로들과 싸운다는 것 자체가 처음부터 불공정한 게임인지도 모른다. 이런 상황에서 아마추어에게 주식투자를 가르치는 자체가 어려운 일일 수밖에 없다.

나는 '교육'이라는 말에 반신반의하는 마음이 들어 긍정도 부정도 선뜻 답하지 못했다. 투자는 교육이 아니라 실전이라고 생각하기 때문에 어떻게 교육을 해야 하는지에 대해선 전혀 그림이 그려지지 않았다. 더욱이 내가 하는 투자 방식이 완전히 새로운 것도 아니다.

그저 단순한 원리를 간단하게 실행하는 것에 가깝다. 교육을 받으러 오는 사람들은 뭔가 기발한 종목을 추천해주길 기대할 수도 있다. 그런 사람들에게 내가 하는 이야기들이 과연 도움이 될까 의문이 들었다. 또 여전히 주식투자가 위험하다고 부정적으로 생각하는 사람들이 많을 텐데 교육에 참여하려는 사람이 있을까 하는 걱정도 들었다.

소장은 내가 그런 걱정을 할 줄 알기라도 했다는 듯이 이미 나와 나의 투자 방식에 대해 몇 분에게 이야기를 했고 긍정적인 답변을 받았다고 했다. 그렇게 내게 교육을 제안하기 전부터 모집까지 미리 준비해온 소장에게 내가 할 수 있는 답변은 '한다, 안 한다'의 여부가 아니라 '그렇다면 어떻게 해야 할까?'라는 쪽으로 옮겨가고 있었다.

나는 교육을 받겠다고 한 사람들이 어떤 분야에서 일하고 있는지 소장에게 물었다. 대부분 선생님들이라고 했다. 그 말을 들으니 걱정이 더 커졌다. 가장 보수적인 분야에서 일하는 분들이고, 다른 사람을 가르치는 것을 업으로 하는 분들이다. 그런 분들에게 세상에서 가장 위험한 분야라고 하는 주식에 대해 교육을 해야 하는 것이니 절대 만만치 않은 일이었다. 또 선생님들이라면 평일 낮에는 시간을 낼 수 없으니 주말이나 저녁밖에 안 되는데 나는 저녁과 주말에는 되도록 집에서 가족들과 지내는 생활을 하고 있었다.

나는 교육 시간을 최소한으로 잡고 한 달에 두 시간 정도만 하면 좋겠다고 대답했다. 평일에는 선생님들이 안 되고, 주말에는 내가 가족과 함께 있어야 하니 시간대를 언제로 잡으면 좋을지 고민하다가 토요일 새벽으로 정했다. 그러면 선생님들도 가능하고, 나도 아이들이 일어나기 전이니 괜찮겠다는 생각이 들었다. 교육 시간은 매월 둘째 주 토요일 새벽 6시에서 8시로 정했다.

그리고 또 한 가지, 교육을 시작하기에 앞서 분명하게 짚고 가야 하는 문제가 있었다. 주식투자는 이론적인 교육보다는 실전 경험이 중요한데, 실전에서 투자를 시작하게 되면 책임 문제가 민감해질 수 있다. 나는 내 투자 내용을 모두 오픈하되, 그것을 듣고 따라 하는가에 대한 결정은 회원 각자의 권한으로 남겨두었다. 이 모임의 이름도 실전투자클럽이라고 붙였다. 이론적인 공부만 하려는 사람은 모집하지 않고 최소 1000만 원 이상의 투자금을 가지고 있는 사람을 대상으로 했다.

실전투자클럽의 운영을 시작하는 날에도 나는 책임에 대한 이야기를 제일 먼저 했다. 내가 하는 말과 행동이 다른 사람들에게 좋은 영향을 미칠 수도 있지만 반대로 나쁜 영향을 미칠 수도 있기 때문이다. 언론에서 보면 책으로 유명세를 탔던 사람이 강연회에서 만난 사람들의 돈을 모아 투자했다가 갚지 않아서 구속되는 뉴스가 심심치 않게 등장한다. 그래서 투자클럽을 운영한다고 하면, 그것도 주식투자클럽이라고 하면 위험성을 먼저 떠올리는 경우가 많다.

나는 "절대 나한테 돈을 주지 말고 내 말만 듣고 무작정 투자를 하지도 말라"고 당부했다. 내가 책임을 지지 못하기 때문이다. 세상 누구도 자기 자신을 제외하고는 100% 믿을 수 있는 사람도, 책임을 대신 져줄 사람도 없다. 내가 실전투자클럽을 운영하는 것은, 재능 기부를 통해 건전한 투자시장을 만드는 데 조금이나마 일조하고 싶었기 때문이다. 그리고 회원들이 자기 본업에 집중하면서도 정해진 월소득 이외에 10퍼센트 수익을 더 벌 수 있는 행복한 투자자가 되길 바라는 마음이었다.

그러기 위해서 내가 정한 원칙이 있었다. 나는 투자클럽 회원들에게 나를 완전히 신뢰하지 말라고 거듭 강조했다. 내가 절대적으로 옳을 수는 없다. 내게 맞는 옷이 다른 사람에게도 맞는다는 보장이 없기 때문에 누구든 내 말을 참고하거나 나를 따라 하는 것은 선택이지만, 스스로 생각하는 것 없이 무조건 나만 믿고 투자하는 것은 좋지 않다.

다만, 나는 내가 말과 행동이 다른 사람이 아니라는 것을 보여주기 위해 내 투자 상황을 언제나 있는 그대로 오픈했다. 매매 내역이 발생할 때마다 그때그때 투자 현황을 카페에 올린 것이다. 내가 투자하지 않는 방식을 다른 사람에게 권하거나 말과 다르게 투자하는 것을 방지하기 위해서다. 또한 나는 몇 가지 강제조항도 두었다. 나를 따라서 하든, 하지 않든 그것은 투자자들의 선택이고 자유다. 하지만 투자자들이 초심을 잃어버리고 탐욕을 부리거나 단타매매를 하는 위험에 빠지지 않도록 할 의무가 나한테도 있기 때문에 나는 다음과 같은 장치를 마련했다.

우선 교육비는 무료다. 이것은 내가 돈을 목적으로 교육하는 것을 막기 위해서다. 나도 사람인지라 내가 하는 일에 대가가 있게 되면 아무래도 돈의 유혹에 넘어갈 수 있기 때문이다. 또 절대 돈을 모아서 한 번에 투자하는 형식은 하지 않는다. 돈을 모으면 회원 개인의 의지와 맞지 않는 곳에 투자하거나 돈 문제가 생길 우려가 있기 때문이다. 초기 투자금 1000만 원은 회원 각자가 개인의 CMA 계좌에 넣어두도록 했다. 1000만 원은 최소 회원자격요건이며 반드시 여유자금이어야 한다. 물론 돈을 CMA에 넣어두는 것까지는 의무 사항이지만, 그 돈으로 주식을 사고파는 것은 본인의 선택이고 자유다.

또 다른 장치는 탐욕과 관련된 부분이다. 탐욕은 당초 기대했던 것보다 높은 수익을 거두기 시작하면서 발생한다. 처음에는 10퍼센트에도 만족하지만 주가가 급등하면, 급등한 주식을 팔고 다른 주식을 사서 수익률을 높이고자 하는 유혹에 빠져든다. 또 거품이 끼는데도 더 높은 수익을 기대하면서 가격 상승을 꿈꾸기도 한다. 투자 전문가라면 이런 방법으로 조금 더 수익을 높일 수 있겠지만 일반 선생님으로 구성된 우리 투자클럽 회원들이 그렇게 투자하는 것은 어려운 일이다. 수익률이 10퍼센트가 넘어 50퍼센트, 100퍼센트가 되더라도 혹시나 주식을 팔고 다른 주식으로 갈아타는 욕심을 부리는 것을 나는 바라지 않았다.

그래서 만약 주식을 매각해서 목표수익인 10퍼센트를 초과하는 수익이 나면 그 초과수익의 절반은 교육비로 내도록 하는 조항을 두었다. 이것은 교육비를 받기 위한 목적이 아니라 오히려 교육비를 내지 않도록 하려고 만든 조치다. 주가가 10퍼센트 이상 상승되었다고 해서 무조건 교육비를 내는 것이 아니다. 보유하고 있는 주식을 매도하지 않으면 교육비를 내지 않아도 된다. 나한테 교육비를 내기 싫으면 단타매매하지 말고 욕심을 부리지 않으면 되는 것이다. 다만, 나를 따라서 하고 있고 내가 매도를 했는데 회원님도 나를 따라 매도를 했다면 수익이 10퍼센트가 넘어도 교육비를 내지 않아도 된다. 가끔 내가 보유한 회사의 주가가 급등해서 거품이 생기면 간혹 매도해서 저평가된 주식으로 갈아타는데 이때 나를 따라서 매도했다면 교육비를 내지 않아도 되는 것이다.

결국 연 10퍼센트를 목표로 장기투자를 하면 교육비 없이 투자를 할 수 있게 돕는 것이 실전투자클럽의 목적이었다. 내가 책 앞머리에서 이렇게 투자클럽에 대해 자세히 소개하는 데는 이유가 있다. 이 투자클럽의 운영방식을 자신의 투자에도 적용해보았으면 하는 바람에서다. 연 10퍼센트를 목표로 장기투자를 하는 데 방해가 되는 것들을 막기 위한 자신만의 장치를 해놓는 것이다.

이것이 '시스템에 의한 투자'다. 감정적인 투자를 배제하고 처음 계획한 대로 투자할 수 있는 시스템을 만들고, 그렇게 시행되도록 원칙을 지키며 하는 투자다. 원칙을 지키는 시스템이 없으면, 자신도 모르는 사이에 탐욕이 생기고 단타매매를 하면서 이 종목 저 종목을 기웃거리게 된다.

우리 실전투자클럽 사람들은 어찌 보면 주식투자에 가장 적합하지 않다. 하지만 한 명의 이탈자도 없이 처음 참여했던 멤버들 모두가 지금까지 함께하고 있다. 거의 100퍼센트 참석률을 자랑하며 지각도 드물다. 회원들 모두 이익을 얻은 것도 아니고 오히려 주가가 떨어진 종목을 보유하고 있는 사람도 있다. 내가 투자클럽 회원들에게 1년 동안 투자하면서 바뀐 것이 있는지 물었더니 다들 이구동성으로 이런 이야기를 했다.

"주가가 떨어지면 과거에는 걱정이 많았을 텐데 지금은 주가가 떨어져서 손해를 봐도 아무런 걱정이 없네요. 그저 더 살 돈이 없어서 아쉬울 뿐이죠."

단기간의 주가에 마음이 동요되는 사람은 투자를 해서는 안 되는데 우리 투자클럽 회원들은 몇 년, 아니 평생을 보고 주식을 하는 것처럼 느껴져서 뿌듯했다.

장기간으로 보면 주가가 얼마나 심리적인 요인에 의해서 움직이는지 알 수 있고 투자자들 스스로 얼마나 욕망에 사로잡혀 있는지도 반성할 수 있다. 나는 이 책에서 투자로 대박을 터트리거나 엄청난 부자가 되어보자는 내용을 전달하지는 않을 것이다. 직장에 다니거나 자신의 본업이 있는 평범한 주식 초보자들이 한 달 4시간 정도 투자하는 것만으로 연간 10퍼센트의 수익을 버는 주식투자 시스템. 실제로 이 시스템대로 투자하고 있는 나의 방식을 있는 그대로 알려주려고 하는 것이다.

　요즘 같은 저금리 시대에 연 10퍼센트면, 적금보다 5배 이상의 수익을 버는 것이 된다. 다시 말해, 나는 독자들에게 적금보다 5배 이상 버는 주식투자에 대해 소개하려고 한다. 이 주식투자는 어렵지도 위험하지도 않다. 그저 매월 적금을 붓듯이 시스템을 따라 가기만 하면 된다. 이제부터 한번 시작해보자.

차례

연	원금	최초	1년	2년	3년	4년	5년	6년	7년	8년
0	1,200	1,200	1,320	1,452	1,597	1,757	1,757	2,126	2,338	2,572
1	1,200		1,200	1,320	1,452	1,597	1,757	1,757	2,126	2,338
2	1,200			1,200	1,320	1,452	1,597	1,757	1,757	2,126
3	1,200				1,200	1,320	1,452	1,597	1,757	1,757
4	1,200					1,200	1,320	1,452	1,597	1,757
5	1,200						1,200	1,320	1,452	1,597
6	1,200							1,200	1,320	1,452
7	1,200								1,200	1,320
8	1,200									1,200
9	1,200									
10	1,200									
11	1,200									
12	1,200									
13	1,200									
14	1,200									
15	1,200									
16	1,200									
17	1,200									
18	1,200									
19	1,200									
20	1,200									
합	25,200	1,200	2,520	3,972	5,569	7,326	9,259	11,385	13,723	16,295

1부

왜 우리는 주식으로 손해를 볼까?

종가 (만 원)

10년	11년	12년	13년	14년	15년	16년	17년	18년	19년	20년
3,112	3,424	3,766	4,143	4,557	5,013	5,514	6,065	6,672	7,339	8,073
2,830	3,112	3,424	3,766	4,143	4,557	5,013	5,514	6,065	6,672	7,339
2,572	2,830	3,112	3,424	3,766	4,143	4,557	5,013	5,514	6,065	6,672
2,338	2,572	2,830	3,112	3,424	3,766	4,143	4,557	5,013	5,514	6,065
2,126	2,338	2,572	2,830	3,112	3,424	3,766	4,143	4,557	5,013	5,514
1,757	2,126	2,338	2,572	2,830	3,112	3,424	3,766	4,143	4,557	5,013
1,757	1,757	2,126	2,338	2,572	2,830	3,112	3,424	3,766	4,143	4,557
1,597	1,757	1,757	2,126	2,338	2,572	2,830	3,112	3,424	3,766	4,143
1,452	1,597	1,757	1,757	2,126	2,338	2,572	2,83	3,112	3,424	3,766
1,320	1,452	1,597	1,757	1,757	2,126	2,338	2,572	2,830	3,112	3,424
1,200	1,320	1,452	1,597	1,757	1,757	2,126	2,338	2,572	2,830	3,112
	1,200	1,320	1,452	1,597	1,757	1,757	2,126	2,338	2,572	2,830
		1,200	1,320	1,452		1,757	1,757	2,126	2,338	2,572
			1,200				1,757	1,757	2,126	2,338
				1,20				1,757	1,757	2,126
					1,20				1,757	1,757
						1,200	1,320	1,452	1,597	1,757
							1,200	1,320	1,452	1,597
								1,200	1,320	1,452
									1,200	1,320
										1,200
22,237	25,661	29,427	33,570	38,127	43,140	48,654	54,719	61,391	68,730	76,803

1장

왜
부자 될 기회를
놓치는가?

돈에
관심이
없다?

　　　　　　　　내 가　 처 음　 주 식　 공 부
를 한 건 18년 전, 회 계 사 시 험 이 끝 나 고 합 격 발
표 가　 있 기 까 지　 2개 월　 정 도　 시 간 이　 남 았 을　 때 다.

　회계사 시험에는 재무 관리라는 과목이 있었다. 내가 가장 좋아
한 분야였고, 결국 합격에도 결정적인 도움을 준 과목이었다. 그런
데 회계사 선배들은 공부했던 시험과목 대부분이 실무에도 그대로
사용되는데 예외적으로 제일 쓸모없는 과목이 재무 관리라고들 했
다. "주식투자라도 하면 모를까 그 외에는 써먹을 일이 없다"는 게
중론이었다.

　실제로 재무 관리 과목은 자금의 조달과 투자에 대해 다루는 것
으로 주식과 관련된 내용이 많았다. 미래 현금흐름을 분석하고 현

재의 기업가치를 평가하는 내용들은 너무 어려운 공부였지만, 나는 그렇게 어렵게 공부한 것을 그냥 썩히기가 아까웠다. 그것이 내가 주식투자를 하게 된 동기였다. 주식투자를 해야 공부한 걸 써먹을 수 있었으니 말이다. 그러니까 주식투자를 위해 재무 관리 공부를 한 것이 아니라 재무 관리 공부를 위해 주식투자를 한 것이다.

그러나 이론적인 공부 위주로 해나갔을 뿐 실제 주식투자를 하기까지는 상당한 시간이 흘러야 했다. 왜냐하면 공부를 할수록 "주식은 하지 말라"라는 것처럼 들렸고, "주식은 투기 성격이 강해서 일반 사람들이 할 게 못 된다"는 이야기가 더 많았기 때문이다. 내가 들어간 회계법인의 회계사들 중에도 주식투자를 하는 사람들이 꽤 있었는데, 주식으로 "차 한 대를 해먹었다"거나 "집 한 채가 날라갔다"라는 식의 얘기가 대부분이었다. 주식으로 돈을 벌었다는 사람은 거의 보지 못했다.

주변에서 성공 사례를 접해보지 못했기 때문에 나는 이론적인 공부를 하면서도 실전 투자는 미루고 있었다. 시기적으로도 당시는 IMF가 터진 때여서 더욱 그랬을 것이다. 그 후에 벤처 열풍이 불었지만 IT거품이 꺼지면서 또 한 번 주식시장의 폭락을 바라봐야 했던 나는 어느새 실전 투자는 물론 이론적인 공부마저 소홀히 하게 되었다. 그리고 나 스스로 최면을 걸었다

'나는 돈을 위해 인생을 살지 않겠다.'

투자에 대해 무관심했던 내 자신을 위한 변명이었다.

나는 적금보다 5배 이상 버는 주식투자를 시작했다

회계법인을 그만두고 제주에 내려오기 전까지 우리 가족은 경기도 안양 평촌에 있는 전세 아파트에서 살았는데 아내가 그 아파트를 사놓고 세를 준 다음 내려가자고 했다. 그러나 내 생각은 달랐다. "제주에 내려갈 건데 왜 여기 집을 사놓느냐?"라며 나는 아내의 말을 대수롭지 않게 넘겨버렸다. 그 후 서울 주변 신도시 붐과 함께 평촌 집값이 엄청나게 뛰었고, 한동안 나는 아내 앞에서 당당하게 경제 이야기를 꺼낼 수 없었다. '아내 말 들어서 손해 볼 것 없다'는 말이 내 재테크 세계를 상당 기간 지배했다.

그러나 그 당시에나 지금이나 나는 집으로 재테크를 하는 것에는 꽤 부정적인 시각을 갖고 있다. 그 이유에 대해선 뒤에서 더 이야기할 것이다.

노동소득으로
자본소득을
따라갈 수 없다

　　　　　　세무공무원과 회계법인에 있던 시절까지는 나도 '주식시장은 투기시장'이라고만 생각했다. 돈은 땀을 흘려서 벌어야 가치가 있다고 생각했다. 그래서 남들은 나를 경제전문가라고 말해도 나 스스로는 농사꾼의 아들이라 자처하며 '돈이란 땀의 대가로 벌어들여야 한다'라고 스스로에게 주문을 걸곤 했다.

　세무공무원으로 5년간 열심히 일했지만 내가 회계사가 되었을 때 내 주머니에는 한 푼의 돈도 없었다. 세무공무원 월급이 많은 건 아니었어도 돈을 허투루 쓰는 성격도 아니고 저축도 나름 열심히 했는데 돈은 어딘가로 다 가고 남아 있는 돈이 없었다. 그러나 당시에는 회계사가 되었다는 기쁨에 돈이 없는 것은 크게 문제가 아니라고 생각했다.

회계사가 되고 나서 고시원에서 두 달을 보냈다. 회계사가 되고도 고시 공부를 하는 수험생들과 함께 고시원에서 산 것이다. 나는 고시원 수험생들에게 우상이었고 그들은 내가 왜 고시원에 있는지 궁금해했다. 왜 회계사가 고시원에 있냐는 질문을 받으면 회계사가 되어도 공부할 것이 많아서 그렇다고 말했다. 그러나 진짜 내가 고시원에서 생활한 이유는 돈이 없었기 때문이다. 방을 구하고 싶었지만 공무원을 그만두고 서울로 올라온 나에게 남아 있는 돈은 두 달 고시원비 50만 원이 전부였다.

회계사가 되면 연수원에서 한 달간 교육을 받아야 하는데 그동안은 월급이 전혀 없다. 회계법인에 들어가더라도 월급은 한 달 후에나 받을 수 있었다. 연수원 생활 한 달, 그리고 회계사 월급이 나올 때까지 또 한 달을 나는 어쩔 수 없이 고시원에서 버텼고 월급을 받기 시작하면서 비로소 방을 옮길 수 있었다.

그 후 얼마 안 있어 회계사 신용대출로 대출을 받아 당산동에 2000만 원짜리 원룸아파트를 얻었다. 지금은 당산동이 엄청나게 발전했지만 당시에는 오래된 낡은 원룸아파트 촌이었고 내가 얻은 원룸은 물까지 새는 집이었다. 천장에 얼룩이 있었는데 그게 물이 새는 징조였다는 것을 나는 몰랐다. 이사를 하고 몇 달 지났을 때부터 아예 세숫대야를 받쳐 놓아야 할 정도로 물이 샜다. 그러나 집주인은 "그런 건 세입자가 고쳐야 한다"고 말한 뒤 연락도 잘 안 되었다. 집을 구할 때 내가 무지해서 보지 못했던 점이었다.

물 새는 원룸아파트에서 2년 정도 살다가 결혼을 하면서 집을 옮겼다. 그때 신혼집을 얻으면서 내가 얼마나 부동산에 문외한인지 깨닫게 된 사건이 또 있었다. 동대문구 답십리에 있던 신혼집은 전세금 5000만 원의 주택이었는데 당시 내 수중에는 종전 원룸의 전세금 2000만 원이 전부였다. 나는 3000만 원은 전세자금대출을 받으면 될 거라고 생각했기 때문에 계약금 500만 원을 걸고 전세 계약부터 덜컥 했다.

그런데 계약을 하고 은행에 갔더니 그 집이 가등기가 되어 있어 전세자금대출이 안 된다는 거였다. 나는 집주인에게 가등기 때문에 전세자금대출을 받을 수 없다고 했고, 집주인은 그건 자신의 잘못이 아니라 내가 잘못 알아본 것이고 내 사정이니 잔금을 치르지 못하면 계약서대로 계약금 500만 원을 포기하라고 했다. 하늘이 노래지는 순간이었다. 500만 원은 나한테 상상도 못 할 만큼 큰돈이었다. 작은 실수 하나로 그 돈을 날린다고 생각하니 말 그대로 눈앞이 캄캄했다. 몇 날 며칠을 고민하고 이리저리 수소문한 끝에 친척으로부터 3000만 원을 빌려 우리는 겨우 집을 옮길 수 있었다.

그때 깨달았다. 경제지식과 경험이 돈을 벌어다 주는 것은 아닐지라도 최소한 경제생활을 하는 데 무지로 손해를 보는 것은 막아줄 수는 있다는 사실을 말이다. 내가 경제 공부를 시작한 것은 결국 최소한의 일반적인 삶을 보장받기 위해서였다.

그러나 회계법인에서 5년간 생활하는 동안 나는 또 다시 농사꾼의 기질로 돌아왔다. 회계사 생활을 시작하면서 최소한의 삶은 보장이 되었기 때문이다. 열심히 회계법인 생활을 하며 저축을 했지만 주식투자나 부동산 재테크는 생각하지 않았다. 투자소득은 불로소득이고 자본주의에 맞지 않는 소득이라는 생각 때문이었다.

5년간의 회계법인 생활을 끝내고 내 사업을 하기 위해 제주에 내려올 때 내 재산은 평촌에 살고 있던 전세금 9000만 원에서 대출금 4000만 원을 제외하고 5000만 원이 전부였다. 1년에 1000만 원씩 저축해서 나온 결과였고 정말 일한 만큼만 딱 모여 있었다. 직장생활을 하는 동안에는 최소한의 삶이 보장되지만 직장을 그만둔 후에 그 삶을 유지시키기에는 턱없이 부족한 돈이었다.

이러니 일반 회사에 근무하는 월급쟁이들은 직장을 그만둘 때 경제적 불안감이 얼마나 크겠는가? 미래가 불안하기 때문에 계속 뭔가를 준비할 수밖에 없는 것이다. 그래서 시작하는 게 자영업이고, 주식투자다. 장사나 주식투자나 분명 쉬운 일이 아닌데 제대로 준비 없이 시작하다 보니 장사는 망하고 주식투자는 투기로 변해버린다.

내가 상당히 오랜 시간 동안 투자를 해오면서 느낀 게 있다. 열심히 땀을 흘려서 일하는 사람이 돈을 벌 확률은 점점 낮아진다는 것, 그리고 예전의 내가 생각했던 것처럼 투자를 일하지 않고 버는 불로소득이라고만 볼 수 없다는 것이다. 주식투자는 그저 돈을 주식에 넣는 것이 전부가 아니라 공부하는 시간도 투자 기간에 포함시켜야 한다. 투자에도 노력이 들어가는 것이다. 주식 시세를 보고 '올랐구나, 내렸구나' 생각하기만 해서는 배우는 것이 없다. 주식투자를 오래 하더라도 주가만 본다면 공부를 제대로 한 것이 아니다.

21세기에는 돈이 돈을 버는 속도가 일을 해서 돈을 버는 속도보다 훨씬 빠르다. 즉 과거에 축적된 부가 생산과 임금보다 더 빨리 증가한다는 것을 의미한다. 샐러리맨이나 영세 자영업자는 노동수익만 있는 사람들인데 어떻게 돈이 돈을 버는 자본소득을 만들 수 있을까? 이럴 때 주식투자가 대안이 될 수 있다.

돈을 증시에 투자해 기업을 위해 쓰이도록 하는 자본가와 주주는 부자가 될 수 있다. 자본주의 사회에서 주식투자가 위험하다고 가르치는 것은 잘못이다. 주식투자를 잘못해서 위험한 것이지 주식투자 자체가 위험한 것은 아니다. 주식투자는 나보다 돈도 많고 사업도 잘하는 회사에 내 돈을 맡겨 그 돈이 나를 위해 일하도록 하는 것이다.

신문에서 '외국인 먹튀'라는 말을 종종 볼 수 있다. 우리나라 회사가 벌어들인 이익을 외국인 투자자가 다 가져간다는 것을 부정적으로 표현한 것이다. 그러나 이것은 자본주의의 기본 원리이기도 하다. 주식회사는 주주가 주인이고, 회사에서 벌어들인 이익을 주주들이 배당으로 나눠가지는 것은 당연한 논리다. 자본주의 시대에서 이자와 배당은 21세기 조공인 셈이다.

나는 주식투자로 대박을 내거나 하루 종일 투자에 미치라는 말을 하고 싶지 않다. 우리는 모두 본업이 있기 때문이다. 나는 본업을 가지고 열심히 살아가는 수많은 월급쟁이들이 한 달에 4시간 투자만으로 연 10퍼센트 돈이 돈을 버는 자본수익을 얻는 법을 말하고 싶을 뿐이다. 주식회사의 구조를 알고 자기의 마음만 다스린다면 이것은 불가능한 것이 아니라 오히려 너무나 당연한 수익일지도 모른다.

금융위기 때
투자할
용기

1997년 우리나라 기업들은 돈이 없어 부도 직전에 이르렀고 IMF는 돈을 빌려 주는 조건으로 강력한 구조조정을 요구했다. 빅딜과 구조조정을 통해 우리나라 기업은 회사를 처분했고, 그렇게 빌린 돈으로 기업을 회생시키고 빚을 갚아 IMF를 졸업했다. 모두 다 죽을힘을 다해 그때를 견뎠고, 다 망해가는 나라가 IMF 자금을 얻을 수 있었던 걸 감사하게 생각했다.

그런데 몇 년 후 외국계투자은행들이 우리나라에서 엄청난 돈을 벌었다는 소식이 들려왔다. 알고 보니 외국계투자은행들은 IMF 때 우리나라가 당장 돈이 없어 헐값에 처분한 기업들의 부동산을 소리소문 없이 싸게 사들였고, 나중에 회사의 실적이 좋아지자 높은 시세차익을 얻고 팔았던 것이다.

당시 기업들 주가가 폭락하면서 헐값에 팔려나갈 때 주식투자를 하겠다고 마음먹은 사람은 아마 거의 없었을 것이다. 그러나 외국인의 자금흐름을 보았다면 그때가 일생일대의 투자기회였음을 알 수 있다. 이것은 나를 비롯한 대부분 투자자들의 공통된 경험이다.

IMF 발생 당시만 해도 나는 공무원 생활을 하고 있어서 IMF를 피부로 느낀 것은 아니었다. 하지만 곧바로 공무원을 그만둔 후 회계사 시험을 보고 회계법인에 들어갈 때 IMF라는 금융위기의 무서움을 느꼈다.

나는 회계사 시험에 합격하면 회계법인에서 알아서 데리고 가는 줄로만 알았다. 내가 회계사 시험을 처음 시작한 1992년에는 실제로 그랬다. 합격하고 가만히 있어도 회계법인에서 연락이 오고 그중에서 원하는 회계법인으로 골라서 갔다고 들었다. 나는 내가 시험에 합격할 시점에도 상황이 예전과 똑같은 줄 알고 있었다.

나는 시험에 합격하고 들떠서 그동안 도움을 준 사람들에게 인사 드리느라, 또 당시 한창 연애 중이던 지금의 아내를 만나느라 정신이 없었다. 회계법인에서 연락이 오면 그때 골라서 갈 생각이었다. 그런데 시간이 지나도 아무 연락이 없어 한 회계법인에 근무하는 선배한테 문의를 했더니 이미 면접이 완료됐을 거라는 답변을 받았다. 나는 부랴부랴 서울로 올라왔지만 대부분 면접이 끝났었다. 다행히 내 세무공무원 경력을 필요로 하는 회계법인이 특채 비슷하게 채용기회를 줘서 그야말로 어렵게 취업할 수 있었다.

회계법인에 취업을 할 수 있었던 또 다른 이유는 아내 덕분이기도 했다. 1998년은 내가 1차 시험을 본 직후였다. 2차 시험까지는 불과 3개월밖에 남지 않았을 때라 연애는 꿈도 꿀 수 없을 때였다. 그때 회계사 시험은 내 인생의 목적이자 유일한 길이었는데 그 앞에 지금의 아내가 나타났다. 나는 결국 아내와의 연애를 선택했고, 1998년 2차 시험에 낙방했다. 그 이듬해에야 회계사 시험에 합격했고, 후에 결혼까지 했는데 나중에 보니 내가 98년이 아닌 99년에 합격한 것이 오히려 천운이었다.

1998년은 IMF 직후라서 회계법인에서도 채용을 거의 하지 않았고, 그해 합격자들은 취업이 가장 어려운 불운의 합격자들이 되었다. 그에 반해 1999년은 IMF로 인해 구조조정을 한 이후라 회계법인 사상 최대 호황이었던 데다가 전 해에 회계사들을 거의 뽑지 않아 인력까지 부족한 상황이어서 합격생들이 원하는 회계법인에 거의 들어갈 수 있었다. 그러고 보니 내가 면접 타이밍을 놓치고도 회계법인에 입사할 수 있었던 것은 회계사 시험에 1년 늦게 합격했기 때문이고, 그렇게 된 건 아내를 만난 덕인 셈이었다.

인생의 중요한 교훈도 얻었다. 객관적으로 어려운 상황이 꼭 나한테 위기만 가져다주는 것이 아니라는 것이었다. IMF가 전 국민에게 고통을 안겨주었지만 내가 회계사로서 첫발을 떼는 데는 도움을 준 면도 있었다. 또 한편으로, IMF를 투자에 활용한 사람들도 이후 많이 보았다. 금융위기가 오면 기업의 실적과 관계없이 무차

별적으로 주가가 폭락하는 사태가 발생하는데 이때 돈을 버는 사람은 현금을 쥐고 있는 사람이다. 아무리 싸게 살 수 있는 기회가 있더라도 현금이 없다면 살 수가 없기 때문이다.

그래서 투자를 오랫동안 한 사람들은 적정 현금을 보유하고 있어야 한다고 말한다. 이건 너무나 당연한 말이지만 정말 실천하기 어려운 일이기도 하다. 소식과 운동을 병행하면 다이어트를 할 수 있다는 사실은 누구나 알지만 실천하기 어려운 것처럼 투자에서 현금 관리 또한 그렇다. 그러나 금융위기를 겪다 보면 주식투자에 정말 필요한 것은 주식투자의 기술이 아니라 저축이나 현금 관리라는 것을 뼈저리게 느끼게 된다. 현금 관리에 대해서는 2부에서 더 다뤄보도록 하겠다.

투자 기회를
잡지 못하는
이유

       우리는 물건을 사거나 투자를 하거나 집을 살 때 먼저 가격이 얼마냐고 묻곤 한다. 특히 남자보다는 여자가 더 가격에 민감한 것 같다. 주부들은 아무리 물건이 좋고 품질이 좋아도 가격이 싸야 사는 경향이 있다. 때로는 물건이 필요해서 사기보다는 할인을 하니까 사는 경우도 있다. 5만 원짜리 물건을 50퍼센트 깎거나 할인해서 2만 5000원에 샀다고 좋아하는 것이다. 그런데 이게 과연 싸게 산 것일까?

  많은 사람들이 꼼꼼하게 가격을 체크하면서 1만 원을 절약하기 위해 몇 시간을 투자하기도 한다. 그러나 세계 3대 거짓말 중 하나가 장사하는 사람이 손해 보고 팔았다는 것이다. 아무리 할인을 해도 장사하는 사람이 손해를 보고 팔았을 리는 없을 것이다. 저렇게 할인하고 있다면 도대체 과거에는 폭리를 얼마나 챙겼던 것일까? 최소 2만 5000원은 순 마진일 것 아닌가?

이렇게 가격만 보고 싸다고 말하기는 어려운 것이다. 또 이 가게가 다른 가게보다 싸다고 해서, 그 가격이 정말 싼 것이라고 말할 수도 없다. 어떤 가게는 손님이 가격을 깎을 것을 감안해서 높게 책정하는 경우도 있다.

투자는 좀 더 싸게 사서 비싸게 팔거나 팔지 않더라도 가격이 올라서 차익이 생기는 것이 근간이므로 가격의 문제에서 자유로울 수 없다. 투자를 결정했다면 싸게 사서 나중에 비싸게 팔겠다는 의도가 있는 것이다.

경제학의 기본 원리에 따르면 가격은 수요와 공급에 따라 형성되는 것이며, 그것이 시장가격이다. 경제학에서 수요와 공급의 원리는 가장 중요한 개념이며, 투자나 사업에서도 가장 많이 쓰는 개념이다. 즉 가격은 수요와 공급의 원리에 따라 결정되는데 사려는 사람이 많으면 가격이 올라가고 팔려는 사람이 많으면 가격은 내려가는 것이다.

이런 원리를 이해하는 것이 투자에서도 중요하다. 내가 투자하려는 것에 앞으로 사려는 사람이 많은지 팔려는 사람이 많은지를 판단하는 것이 투자의 출발이다. 그러니까 투자를 한다는 것은 앞으로 가격이 오를 것을 기대하고 내리는 판단인 것이다. 가격이 비싸다고 생각하면서 사는 사람은 없을 것이다. 그러면 싸게 사는 방법은 무엇일까? 가격결정의 원리를 먼저 알고 그다음에 싸게 사는 방법을 체크하는 것이 순서일 것 같다.

싸게 사려면 내가 투자하려고 하는 주식에 대해서 '앞으로 가격이 떨어질 것'이라고 보는 사람이 '앞으로 가격이 오를 것'이라고 보는 사람보다 많아야 한다. 가격이 떨어질 것이라고 보는 사람들은 팔려고 할 것이므로 매도세가 매수세보다 더 크게 되고 결국 가격이 떨어질 것이다.

이를 위해 먼저 내가 알고 있는 정보의 양과 질을 평가해야 한다. 만약 언론이나 인터넷에서 얻은 정보를 가지고 판단을 내렸다면 우매한 사람이다. 투자에서 정보란 내가 알고 있느냐보다 남이 알고 있느냐가 중요한 것이다. 누구나 알고 있는 정보를 투자에 이용한다면 실패할 가능성이 높다. 정보를 두고 다른 사람들이 어떻게 판단하고 있을지를 예측하는 자료로 삼는다면 현명한 투자자다.

다른 사람들은 모르고 나만 아는 정보라면 좋겠는데, 불행히도 개인투자자들에게 그건 참 어려운 일이다. 투자에는 전문가들이 있고 그들은 항상 가격이 얼마나 적정한지를 예측하려고 한다. 가령 내가 산 옷의 원가가 얼마이고, 마진을 더하면 얼마 정도가 적정 가격이라는 식의 정보를 전문가들은 계속 조사하고 있다. 그런데 일반인은 이런 정보를 모르니 그냥 과거에 가격이 얼마였고 또 옆집 가게 가격이 얼마니까 여기가 싸다는 식으로 가격을 판단하곤 한다. 그러니 항상 일반 사람들이 투자시장에서 돈을 잃을 수밖에 없는 것이다. 정보나 지식을 가격에 적용시켜 미래를 예측하려는 시도는 허무한 결과를 가져오는 경우가 많다.

그러면 개인투자자들은 언제 부자가 될 수 있는 기회를 잡을 수 있을까? 그것은 확실하게 싸다는 확신이 들 때 사는 것이다. 투자는 싸다는 확신이 안 들면 할 이유가 없다. 옷이나 음식처럼 반드시 필요한 것이 아니기 때문이다.

확실하게 싼 시점은 언제일까? 백화점이나 마트에서 떨이 판매를 하듯이 투자시장에서도 누가 보더라도 대량 할인하는 경우가 생긴다. 경제가 너무 안 좋아서 회사의 실적과는 관계없이 가격이 떨어질 때가 그렇다. 불안하니까 무조건 팔려고 하고 그러니 가격이 떨어지는 것이다. 이때는 언론과 주변사람들이 대부분 "이제 주식 가격은 회복 불능"이라고 떠들어댄다. 거의 모든 언론에서 "주식투자 하지 마라"라고 떠들어대는 금융위기가 3년에서 5년에 한 번은 있다. 과거 IMF나 벤처거품붕괴, 신용카드대란, 서브프라임 등이 그런 경우다.

그때가 오기를 기다리며 예금으로 기다리는 것이 가격에 대해 현명하게 판단하는 쉬운 방식이다. 그런데 그 정도로 인내심이 있는 사람이 별로 없다. 정작 금융위기가 오면 돈도 없고 용기도 없어서 투자하지 못한다. 부자가 될 기회는 오지만 그것을 잡는 용기를 갖는 게 사실은 더 힘든 것이다.

2장

전문가를
어디까지
믿어야 하는가?

전문가가
꼭 나를 위해
일하는 것은 아니다

교직생활을 하면서 조금씩 투자하는 개인투자자 L이 이런 말씀을 하셨다. 오래전에 전문가가 추천해준 종목을 샀는데 곧바로 주가가 폭등해서 '주식은 참 아름다운 것이다'라는 생각을 했다고 한다. 그런데 몇 년 후 다른 전문가 추천해준 종목을 산 뒤 반 토막이 되었다. 생각해보니 전문가들 사이에 차이가 있었다기보다는 시장이 좋을 때 맡았던 사람은 이익을 냈고 시장이 나쁠 때 맡았던 사람은 손실을 냈던 것일 뿐이었다. 그 이후부터 L은 전문가라고 해서 무조건 믿지는 않게 되었다. 어차피 전문가들이나 일반인들이나 시장이 좋으면 수익이 나고 시장이 나쁘면 손실이 나는 것은 마찬가지였기 때문이다.

정말 한번 생각해보자. 전문가들의 추천 종목은 신뢰할 만할까?

주식투자를 하는 사람들한테 "어떻게 그 종목에 투자했느냐"라고
물으면, 대다수가 "주변 사람들이 주변에서 추천해줘서 샀다"고 한
다. 그 주변 사람들이란 소위 주식 전문가라고 하는 증권회사 사람
들이다. 나는 증권회사 사람들을 싫어하거나 나쁘게 생각하지는 않
지만 투자하는 사람들이 전문가의 말만 믿고 투자하는 것은 생각해
볼 문제라는 입장이다. 왜냐하면 그 전문가의 실력이 좋고 나쁘고
를 떠나서, 그들은 당신만을 위해서 일하는 사람들이 아니기 때문
이다.

증권회사나 금융기관에 종사하는 사람들은 고객의 이익에 앞서
우선 자신들의 이익을 우선시할 수밖에 없다. 고객의 이익과 자신
의 이익을 모두 달성할 수 있다면 좋겠지만 불행히도 주식시장에서
는 이것이 참 어렵다. 증권회사는 매매 수수료를 먹고 사는 사람들
이다. 즉, 주식 매매를 많이 해서 수수료가 생겨야 이익이 생기는
것이다.

그러니 그들은 고객들이 매매를 많이 하게 하는 종목을 추천할
수밖에 없고, 그런 주식은 인기주일 것이다. 안정적이지만 인기 없
는 종목보다는 불안정해도 인기 있는 종목을 추천해야 사람들이 호
기심을 갖고 투자하기 때문이다. 증권회사는 고객이 매매를 많이
해야 돈을 벌기 때문에 매매량이 많은 인기 종목을 추천할 수밖에
없는 구조다. 그런데 사실 그런 종목은 일반 개인이 투자하기에는
위험이 있다. 인기라는 것은 금방 수그러들 수밖에 없고, 그래서 경

제 흐름과 타이밍을 맞추지 못하면 손실을 볼 수밖에 없는데 개인 투자자들에게는 그런 능력이 없기 때문이다.

십수 년 전 중국 펀드가 엄청난 인기를 끌고 덩달아 중국에 대한 장밋빛 전망이 신문 1면을 장식할 때가 있었다. 서점에서도 중국이 미국을 이긴다는 내용의 책들이 베스트셀러에 올랐다. 나는 개업할 때 얻었던 빚도 갚았고 생활비도 안정되어 저축을 시작했던 시기였다. 은행에서 근무하는 처가 쪽 친척들이 있었는데 이왕이면 처가 식구들이 근무하는 곳에서 통장을 개설하고 예금을 하는 게 좋겠다고 생각했다. 그래서 처음에는 통장을 만들고, 그다음에는 카드, 그러고 나서 펀드 추천까지 연이어 받게 되었다. 당시에는 은행에서 예금보다 펀드를 더 권유하기도 했다. 나에게 펀드는 재테크의 목적이라기보다는 친척들의 권유에 의해 보험 가입하듯 들어준 것이 처음이었다.

나는 평소에도 자신이 잘하는 분야에 집중하고 잘 못하는 분야는 전문가에게 맡기는 것이 좋다는 생각이 강했다. 이론적으로는 주식 공부를 했더라도 나는 영업하고 사업하는 사람이기 때문에 직접투자를 하겠다는 생각은 하지 않았다. 그저 펀드 개수를 늘려가며 간접투자를 하는 것이 전부였다. 나는 그때만 해도 증권회사나 은행 직원이 펀드에 대한 전문가라고 생각했다. 물론 그들이 일반 개인들보다 많이 안다고 볼 수는 있다. 그러나 그들이 일반 개인들을 위해 일해주는 전문가는 분명 아니다. 내가 그 사실을 절감하게 된 것은 그로부터 한참이 지난 후였다.

2000년대 초중반에는 세계 경제가 유래 없는 호황이었고 주식시장도 덩달아 춤을 추어서 어떤 펀드든 들기만 하면 은행 이자보다 훨씬 나은 수익을 보장하고 있었다. 국내 펀드의 인기가 높아졌고, 증권회사는 해외 펀드도 팔기 시작했다. 그중에서도 중국 펀드는 단연 인기였다.

골드만삭스 회장이 브릭스(BRICS)라는 용어를 쓰고 나서 '중국이 세계가 된다'는 인식이 사람들 사이에 자리 잡고 있었다. 나 또한 펀드로 꽤 재미를 보고 있었기 때문에 중국 펀드는 당연한 시대적 흐름이라 여겼다. 시중에 나온 중국에 대한 책들을 모두 사서 보았고 1년에 한 번씩은 중국에 가서 발전하는 모습을 눈으로 보고 오기도 했다. 신문에서 중국에 대한 기사가 나오면 스크랩을 했고, 사람들을 만나면 중국이 왜 세계를 지배할 수밖에 없는지 나만의 생각을 풀어놓기도 했다. 나는 중국 전문가라도 된 기분이었다.

그러나 얼마 후 서브프라임이 터지고 중국 주식의 거품이 꺼지면서 내 지식의 밑천이 드러났다. 회계사가 되기 전부터 시작해서 회계법인과 회계컨설팅 회사를 운영하면서도 꾸준히 공부를 해왔기 때문에 나름 경제전문가라고 생각했는데 실전 투자시장에서 나의 지식은 수박 겉핥기도 안 되었던 것이다.

나는 내가 보고 싶은 것만 보고 있었는지도 모른다. 매년 제주로 여행을 가서 관광지를 몇 군데 돌아다닌다고 해서 제주를 안다고 할 수는 없다. 마찬가지로 중국에 자주 간다고 하더라도 여행 개념으로 몇 번 가본 것이지 내가 중국의 전부를 본 것은 아니었다. 중국 관련 책을 아무리 보았다고 해도 마찬가지다. 책의 저자들은 중국에 대해 좋은 이야기를 들려주려는 마음으로 쓴 사람들이라 내 눈에는 좋은 이야기만 들어올 뿐 부정적인 내용은 '그냥 그럴 수도 있다'라는 식으로 치부해버렸을 것이다.

또 한편으로, 투자에 대해 전문가라고 생각했던 사람들도 결국 나와 별반 차이가 없다는 사실도 깨달았다. 물론 고수들도 있겠지만, 일반 사람들이 만나는 은행이나 증권사 직원들도 대다수는 상세한 지식이 부족했다. 마트의 판매사원이 판촉을 위한 훈련만 받을 뿐 그 제품에 대해 속속들이 알지는 못하는 것처럼 대다수 창구에 있는 금융기관 직원들도 금융상품의 판촉을 위한 지식을 아는 정도에 불과했다.

몇 년간 펀드 수익률이 좋았던 것은 실력이 좋아서라기보다는 그냥 시장 상황이 좋았기 때문이었다. 어떤 것에 투자해도 오르는 시기였다. 그러나 시장이 안 좋은 상황으로 치닫자 비로소 문제와 실력이 드러났다. 내가 투자했던 상품들이 맥을 못 추자 나는 그동안 뭐하고 있었나 하는 회의감이 들기 시작했다. 전문가라는 사람들은 "손절매를 해야 한다, 주가가 떨어져도 어느 선 이하로는 떨어지지 않는다"라며 근거 없는 자신감을 보여줬지만, 그 이하로 떨어지면 입을 닫고 몸을 사렸다.

실력이 있는 펀드매니저들도 있다. 하지만 그들도 조직에 속해 있는 입장이기에 주식 매매에 있어서 소신껏 행동하는 것이 아주 어렵다. 주식매매를 하는 경우 펀드 가입자들에게 그 이유를 설명해야 하기 때문에 대형주나 인기종목을 중심으로 편입할 수밖에 없다. 인기가 없는 가치주를 편입하기에 한계가 있는 것이다. 또 주가가 하락하거나 장이 좋지 않을 때가 매수 적기라고 생각하지만 투자자들이 환매를 요구하면 어쩔 수 없이 주식을 매도해야 하므로 투자자들의 눈치를 볼 수밖에 없다. 결국 펀드는 내 돈을 다른 사람, 가령 투자신탁운용회사(투신사)나 자산운용회사(운용사)가 불려주는 것이므로 내 돈을 맡은 기관을 잘 파악해야 한다.

다시 한 번 짚어보자. 사람들은 주식투자는 위험하다고 회피하면서도 은행이나 증권회사 창구에서 추천하는 펀드를 그냥 가입하는 경우가 많다. 펀드에 가입하면서도 내 돈을 누구에게 맡겼는지 잘 모르고 검증도 안 해본다. 그냥 판매한 은행이나 증권사의 말을 믿는다. 그러나 펀드는 엄연히 주식투자이며, 펀드를 판매하는 증권사나 은행 직원도 펀드에 대해서는 잘 모를 수 있다. 펀드를 판매하는 은행이나 증권사도 펀드에 대해서 공부는 하지만 실제 판매하는데 필요한 정도만 아는 경우가 많다. 그리고 판매하고 나서 그 뒤에 관리를 해주는 것도 아니다. 그 사람들은 판매사원들이다. 내 돈을 가지고 투자를 할 투신사나 운용사는 따로 있다. 마트에 가면 마트 직원이 제품을 소개한다. 그러나 마트 직원은 판매사원이지 그 제품을 만든 사람은 아니다. 제품에 대해서 잘 알기 위해서는 판매직원의 말도 들어봐야 하지만, 제품을 만든 회사의 말을 들어보는 것이 더 정확하다. 그래서 펀드에 가입하려는 사람은 돈을 투자하는 투신사나 운용사를 잘 봐야 하는 것이다.

파생상품은
투기다

워런 버핏은 이것을 가리켜 "금융의 대량 살상 무기"라고 비난했다. 미국의 억만장자 투자자인 조지 소로스는 "사실 나도 이것이 뭔지 잘 모른다"고 했고, 『화폐전쟁』의 저자 쏭훙빙은 이것을 "현대 금융공학이 만들어낸 최악의 도박 괴물"이라 정의했다. 이것은 무엇일까?

국제 금융계 거물들이 한목소리로 비판한 이것은 바로 '파생상품'이다. 주가연계증권(ELS)과 파생결합증권(DLS) 등 최근 투자자들에게 원금 손실의 고통을 안겨주고 있는 금융상품들도 모두 파생상품의 범주에 포함된다.

K씨는 예금 20억 원 정도를 은행에 넣어두고 거기에서 나오는 이자로만 생활한다. 그런데 은행 이자율이 낮아지면서 이자수입이 줄어들자 불안해졌다. 몇 년 전만 해도 예금이 많으면 은행에서

VIP대접을 받으며 어깨를 펴고 다녔는데 요즘은 은행에서도 고액예금자들을 반기지 않는다. 은행도 예금으로 받은 돈을 대출을 해주어야 예대마진을 얻을 수 있는데 대출해줄 곳이 마땅치 않은 것이다. 그러니 은행 입장에서는 예금이 필요하기는 하지만 고액예금자들이 부담스러워진 것이었다.

한때는 이자수입만으로 한 달에 500만 원을 벌어 혼자서도 풍족하게 살았지만 지금은 200만 원이 조금 넘는 수준으로 절반 이상 줄었다. 물론 지금도 적은 돈은 아니지만 일본처럼 마이너스 금리가 되어 나중에는 정말 이자를 은행에 지불하고 예금을 맡겨야 하는 시대가 될 것 같다는 불안감이 K를 엄습해왔다.

K는 나름대로 경제 뉴스와 라디오를 들으면서 공부를 하는 스타일이었지만 펀드와 주식투자의 차이를 정확히 모를 만큼 주식에 대해서는 문외한이었다. 그러나 뭔가 투자를 하지 않으면 안 되겠다는 생각에 은행에 다니는 지인의 추천을 받아 펀드와 ELS에 가입했다. K는 단순히 ELS는 주식 같은 것이고, 금융회사 직원이 추천해준 대로만 하면 큰 문제없을 거라고 생각했다. 그러나 ELS가 무엇인지도 모르고 가입한 결과는 혹독했다. 1년 후 ELS에서 4000만 원의 손실을 보게 된 것이다.

K는 이런 푸념을 나에게 털어놓았고, 그 이야기를 듣고 있으니 나도 덩달아 속이 상했다. 나는 ELS를 추천한 금융회사 직원에게 전화를 해서 K씨는 나이 60이 넘은 주부인데 어떻게 ELS를 추천

했느냐며 따지듯이 물었다. 그 직원은 이런 질문을 수없이 받아보았다는 듯이 "K씨가 가입동의를 했다"고 의례적으로 대답했다. 왜 ELS를 추천했는지에 대한 설명보다는 K가 가입하고자 동의했으니 문제가 없다는 투였다. 상품을 판매하고 이후의 문제에 대해서는 잘 모르겠다는 무책임한 답변이었다.

사실 2005년에서 2006년 경 나도 펀드에 한창 취미를 들이고 있을 때 ELS에 가입한 적이 있었다. 골라먹는 재미가 있는 것처럼 이 펀드, 저 펀드 다 들고 나니 또 다른 상품을 찾고 되었고, 그런 나에게 금융기관 직원들은 ELS라는 또 다른 메뉴를 추천했다.

나를 포함한 보통 사람들은 고전적인 상품보다는 신상품에 눈을 돌리곤 하는데 금융기관은 이런 사람들의 호기심을 자극하는 상품들을 잘도 만들어냈다. 10여 년 전 내가 ELS에 가입할 당시에는 주식 장세가 워낙 좋아서 ELS가 손해를 주는 경우가 거의 없었다. 내가 가입한 ELS는 연간 수익률 18퍼센트 정도는 어렵지 않게 벌어다 주었다. 나는 대부분 만기까지 가지 않고 조기 상환해 수익을 달성한 후 또 다른 ELS에 가입했다.

수익률이 좋으니 점점 더 연간 18퍼센트 수익률에 만족하지 않게 되었다. 너무 쉽게 달성하다 보니 어느새 두 배는 되어야 '투자 좀 했다'라는 생각을 하게 된 것이다. 그러나 2년 정도 투자를 하다가 나는 ELS라는 상품에서 결국 손을 뗐다.

ELS에는 내가 관리할 수 있는 항목이 하나도 없었다. ELS는 회사의 가치나 정보 등은 전혀 보지 않고 오로지 가격만 보고 투자하는 상품이다. 가격이 50퍼센트 이상 떨어지지 않는다면 얼마의 수익을 보장한다는 내용 등이다. 나는 ELS가 정말 위험이 높고 언젠가 독배가 되어올 투기상품이라는 것을 깨달았기 때문에 더 이상 투자할 이유가 없었다.

파생상품에 가입할 때는 조심해야 한다. 상품을 판매하는 증권사나 금융기관에서 설명을 잘 듣는다면 괜찮을 걸까? 파생상품은 여러 상품을 섞어서 만들기 때문에 어지간한 전문가들조차 이해하기 힘들 정도로 상품구조가 복잡하다. 상품구조를 이해하기 어렵기 때문에 투자자들은 상품이 어떤 위험을 얼마나 가지고 있는지 모르는 상태에서 투자를 하기 쉽다. 심지어 금융기관이나 전문가들조차 이해하지 못한 채 파는 경우가 비일비재하다. 이런 파생상품은 일반 개인투자자들이 관심을 가질 만한 상품이 아니다. 아니 절대 투자해서는 안 되는 상품이다.

3장

항상
개인이
질 수밖에 없는 이유

개인이
외국인과 싸워서
이길 수 있을까?

모 방송에 증권회사 직원이 나와 이런 이야기를 했다.

"주식투자를 하는 개인투자자들의 95퍼센트가 손해를 본다고 합니다."

그다음 그는 이렇게 말했다.

"그리고 나머지 5퍼센트는 폭삭 망한다고 합니다."

나는 웃음이 나오면서도 현실과 딱 맞는 표현이라고 생각했다. 매년 투자 실적에 대해 결산을 해보면 개인투자자가 많이 사들인 종목은 손실을 내며 참담한 투자 성적표를 내는 반면 외국인과 기관투자자들은 국내 증시가 출렁이는 상황에서도 뛰어난 성적을 올린다.

왜 이런 결과가 나올까? 원론적인 원인 말고 진짜 개인들이 손실을 볼 수밖에 없는 이유는 무엇일까? 주식시장은 장기적으로는 모두가 함께 이익을 보는 게임이 될 수 있지만, 단기적으로는 '제로섬 게임'이다. 누가 이득을 본다는 것은 곧 다른 누군가는 손해를 봐야 한다는 것이다. 개인이 이익을 보려면 외국인이 손해를 봐야 하는데 자본주의 사회에서 그럴 일은 거의 없다고 생각해야 한다. 외국인의 경험과 정보, 자금력을 볼 때 개인들이 외국인을 이긴다는 것은 불가능하기 때문이다. 결국 이득을 보는 건 외국인이고, 그로 인해 손해를 보는 건 개인들이다. 외국인과 기관들의 수익률을 개인들이 메꿔준 셈이 되고 마는 것이다.

주식시장은 프로와 아마추어가 아무런 핸디캡 없이 링 위에서 맞장을 뜨는 싸움이다. 여기서 프로는 외국인과 기관을 말하고, 아마추어는 개미라고 하는 개인투자자다. 외국인이나 기관들은 어떻게 싸울까?

이들이 어떻게 매매를 하는지 아는 것은 어렵지 않다. 포털사이트 네이버에서 특정 종목을 검색해 그 종목의 '투자자별 매매동향'을 조회해보면 다음 페이지의 그림처럼 확인해볼 수 있다. 모건스탠리, 메릴린치, UBS, CLSA 같은 회사들이 외국인이고 NH투자증권, 신한금융투자 등이 기관투자자들이다. 국민연금이나 공무원연금 등 연기금들도 성격상 기관투자자들에 포함되며 나머지 주체가 개인들이다.

그림에서 보이듯이 모건스탠리가 10,492주를 매수했고 메릴린

거래원정보 (20분 지연)

일자별누적   ●당일 ○5일 ○20일 ○60일

매도상위	거래량	매수상위	거래량
메릴린치	13,150	모건스탠리	10,492
NH투자증권	9,123	키움증권	9,906
UBS	9,115	대우	9,789
신한금융투자	8,060	신한금융투자	9,139
CLSA	6,213	NH투자증권	6,518
외국계수정합	28,478 -13,094		15,384

※ 당일 종목별 매매상위 5개 회원사 정보를 이용한 수정치임

매매동향 ▶외국인 | 기관

외국인 · 기관 순매매 거래량

날짜	종가	전일비	등락률	거래량	기관 순매매량	외국인 순매매량	외국인 보유주수	보유율
2016.04.20	32,750	▼ 350	-1.06%	81,329	-6,739	-15,645	11,163,797	11.20%
2016.04.19	33,100	▼ 550	-1.63%	73,153	-13,539	-20,909	11,179,442	11.21%
2016.04.18	33,650	▲ 650	+1.97%	94,187	+23,718	+7,854	11,200,351	11.23%
2016.04.15	33,000	▼ 250	-0.75%	76,786	-10,335	+11,600	11,192,283	11.23%
2016.04.14	33,250	▲ 200	+0.61%	78,726	-53	+22,096	11,180,683	11.21%

치는 13,150주를 매도했다. 그 아래 외국인 · 기관 순매매 거래량을 보면, 2016년 4월 20일에 기관은 6,739주를 매도했고 외국인은 15,545주를 매도했으므로 개인들이 이 주식들을 모두 매수한 셈이 된다. 결국 주식시장에서는 외국인, 기관, 개인들이 서로 사고팔면서 서로의 이익을 챙기고 있는 것이다.

어떻게 보면 투자시장에서는 이렇게 엄청난 돈이 걸린 내기가 펼쳐지는 곳이다. 프로들은 자신들의 실력이 우월하다고 해서 아마추어들에게 핸디캡을 주지 않는다. 그럼 어떻게 이런 무시무시한 정글에서 프로들과 싸워서 이길 것인가? 아마추어들은 일단 아마추어와 프로의 차이부터 알아야 한다. 주식에 대해 시간을 투자하지 못하는 개인투자자들이 매일 공부하며 평생을 주식과 살아온 프로들과 경쟁해서 이긴다는 것은 불가능한 일인지도 모른다.

나 또한 아마추어 투자자이며 본업이 있는 개인투자자로서 프로와 싸워서 이길 생각은 추호도 없다. 오히려 프로와 아마추어의 차이를 인정하고 아마추어로서 투자를 바라보려고 한다. 아마추어는 매일 투자를 공부할 수 없으며 그럴 만한 시간과 자금도 없는 것이 현실이다. 그렇기 때문에 프로를 이기려고 하기보다는 프로들의 속임수에 빠지지 않으면서 어떻게 아마추어로서 적정 수익을 거둘 것인가에 초점을 맞추어야 하는 것이다.

개인들이
투자를 어렵게 하는
이유

과거 "참 쉽죠"라고 이야기하는 모 증권회사의 광고가 유튜브에서 100만 건 이상 히트한 적이 있다. 이 광고에는 대한민국 축구 전설 차범근 씨와 세계적인 덧칠 기법의 대가인 화가 밥 로스가 등장한다. 광고의 메시지는 그들이 자연스럽게 사용하는 전문용어가 일반인들에게는 얼마나 어렵게 느껴지는지 보여주는 것이었다.

광고를 보면 차범근이 공을 받아 가슴으로 '트리핑' 해 '마르세유 턴'을 한 다음 '라보나 킥'으로 마무리하며 "참, 쉽죠?"라고 말한다. 그러나 일반인들은 이해하지 못해 멍하니 바라볼 수밖에 없다. 지금은 고인이 되었지만 이십에서 사십 대 사람들의 어린 시절 우상이었던 밥 로스는 말한다. "'라운드 붓'을 이용해 '다크시에나'와 '반

다이크브라운'으로 나무형태를 잡아줍니다. 참 쉽죠?" 그것을 보며 따라 그리던 일반인은 멍하니 TV만 바라만 본다. 그다음 증권사 직원이 등장해 천연덕스럽게 설명한다. "자동조기상환평가일에 코스피 200종가가 최초 기준가격의 95퍼센트 이상이며 녹인배리어(Knok in barrier)를 터치한 적이 없을 경우 자동조기상환되어 수익을 지급받으실 수 있습니다. 참 쉽죠?" 증권사 직원의 말에 두 전설도 멍하니 바라보며 '쉽냐?'라는 표정을 짓는다.

투자란 절대 "참 쉽죠?"라고 할 수 없는 것이다. 단순하게 생각하자면 투자는 좋은 물건을 싼 가격에 사서 비싼 가격에 파는 것이지만, 실전에서 이것은 정말 어려운 일이다.

흔히 주식투자를 할 때 제일 먼저 궁금해하는 것이 종목선택이다. 어떤 종목에 투자해야 돈을 벌 수 있는가는 모든 개인투자자들의 최대 관심사다. 좋은 종목이 뭔지를 알려면, 돈을 잘 벌고 앞으로 성장도 잘하는 회사를 고르는 안목이 있어야 한다. 흔히들 가치투자라든지 기본적 분석 등 듣기 좋은 말을 하며 투자를 하라고 하지만 이것이 말처럼 쉬운 것이 아니다.

전문가들은 좋은 회사를 고르라고 말하면서 여러 회사들을 추천한다. 이런 회사는 미래 성장성이 있고 이런 호재로 회사 가치가 올라갈 것이라는 등의 논리적인 듯한 설명이 뒤따른다. 그러나 이런 미래에 대한 예측이 어느 정도의 정확성을 가지고 있을까? 사실 프로들조차도 어려운 것이 미래에 대한 예측이다.

나는 작은 회계컨설팅 회사를 운영하고 있고 이 업계에서 20년 이상을 일해온 사람이지만, 앞으로 회사가 분명히 성장할 것이라는 등의 예측은 쉽게 하지 못한다. 자신의 업종도 분석이 어려운데 다른 업종을 분석한다는 것은 워런 버핏 같은 신이 내린 투자자에게나 가능한 일이다.

일반 개인들에게는 업종 분석이란 것이 애당초부터 불가능한 일인지도 모른다. 실제 투자시장에서 전문가들의 예측조차 대부분 틀린다는 것을 생각하면 개인투자자들이 트렌드를 예측하려는 것은 의미 없는 일일 수도 있다. 누구도 예측할 수 없는 이슈들이 계속 터지기 때문에 미래를 예측하면서 투자하는 것은 불가능한 일이다. 메르스 사태, 영국이 EU를 탈퇴하는 브렉시트, 미국 기준금리 불확실성 등의 사건들이 예고없이 터져 주가를 떨어뜨리지만 그렇다고 개인투자자들이 이런 것까지 모두 예상하며 공부하고 투자하기는 어려운 일이고 또 이런 것을 예측한다고 하는 전문가들이 돈을 버는 것도 아니다. 결국 개인투자자들이 주식투자에서 어려움을 겪는 이유는 처음 종목 선택부터 아마추어에게 허용되지 않는 길로 들어섰기 때문인 것이다.

종목 선택의 어려움과 함께 또 다른 어려움은 수급의 문제다. 좋은 물건도 가격이 오르려면 공급보다 수요가 많아서 수급이 좋아야 한다. 즉, 어떤 회사 주식에 투자하려는 사람들이 많으면 그 회사의 주식가격이 올라갈 것이므로 수요가 많을 것으로 예상되는 회사에 투자해야 한다. 그런데 이것은 개인들에게 더욱더 어려운 일이다. 제로섬 게임인 단기 투자시장에서 수요의 도입은 결국 자금력이 결정하는데 이미 외국인 같은 프로들의 자금력이 개인투자자들보다 많기 때문에 개인투자자들이 수급을 결정할 수는 없다.

그러나 외국인은 개인투자자들이 들어올 수 있는 여건을 만들고 개인투자자들이 이 회사 주식을 사게 만들어 가격을 올리는 기술을 쓴다. 애당초 자금력이나 주가를 올리는 기술이 없는 개인투자자들에게 수급을 만드는 방법은 어려운 일이니 투자에서 질 수밖에 없는 것이다. 그런데도 전문가들과 언론, 금융기관들은 개인투자자들에게 외국인이나 워런 버핏 같은 프로들이나 하는 방법을 자꾸 추천하며 개인들의 돈을 빼앗아간다.

한편 올바르지 못한 투자 방식도 주식을 어렵게 만드는 요인이다. 주부인 P씨는 남편에 대한 불만이 가득했다. 남편이 장사를 하는데 장사에는 신경 쓰지 않고 하루 종일 컴퓨터 앞에 앉아서 주식투자만 하기 때문이다. 거의 전 재산을 투자하고 있는데 이익이나 손실이 얼마 났는지도 모른다. P씨가 보기에 하도 불안해서 잔소리를 하지만 전혀 고쳐지지 않았다. 장사하는 것보다 주식투자로 돈을 더 많이 벌기만 하면 되는 것 아닌가 생각할 수도 있지만, 하루 종일 컴퓨터 앞에서 씨름하며 돈을 번다는 것은 내가 보기에 거의 불가능한 일이다.

투자할 때 종일 컴퓨터 앞에 앉아 있다는 것은 차트 분석 등을 통

나는 적금보다 5배 이상 버는 주식투자를 시작했다

해 주가의 변동을 계속 보면서 투자를 하고 있다는 증거다. 주식에 대해 이야기해보면 이런 사람들은 각종 봉이나 차트 등에 대해 술술 이야기해서 전문가처럼 보이지만 절대 그렇지 않다.

컴퓨터상의 봉이나 차트 분석은 가격을 중심으로 만든 것인데, 가격만 보고 투자를 하는 것은 가격을 예측할 수 있어야만 가능한 투자 방식이고, 미래 예측이 빗나가면 손해를 볼 수밖에 없다. 세상 어느 누구도 미래를 예측할 수 없으며 인간이 할 수 없는 일을 자꾸 하려고 하면 꼭 응당한 대가를 받는 것이 자연의 섭리다.

주식투자의 본질은 기업에 투자하는 것이므로 기업에 대해 공부하는 것이 맞다. 그런데도 사람들은 주식투자를 컴퓨터로 하려고 한다. 영업을 하려면 고객을 만나야 하는데 책상에 앉아서 인터넷으로 영업 계획만 찾는 것이나 다름없는 일이다. 주식투자는 하루 종일 컴퓨터에 앉아서 할 일도 아니고 그렇게 해서 얻는 것도 없다.

IT의 발달은 사람들을 편하게 투자하도록 유도하곤 한다. 컴퓨터나 인터넷에서 정보를 쉽게 얻을 수 있다는 환경이 주식투자를 쉽게 할 수 있는 것처럼 만들고, 별 도움이 안 되는 정보를 가지고 투자하게 만드는 것이다. 실시간으로 보여주는 증권 사이트나 증권 관련 어플리케이션은 개인투자자들이 계속 주가 변동에 집착하게 만들어서 심리적인 갈등을 유발시킨다.

사람들은 보지 않아도 될, 아니 단기간에 봐서는 안 되는 주가나 차트를 계속해서 보고, 그로 인해서 심리적인 압박감을 갖게 되며,

결국 감정적인 투자를 하게 되곤 한다. 주가가 계속해서 눈에 들어오니 단기투자를 할 수밖에 없게 되는 것이다. 정보가 투자에 필요한 것은 사실이지만 너무 많은 정보가 오히려 투자에 독이 되고 있는 셈이다.

욕심이
투자를
망친다

서브프라임 금융위기는 간접투자에 대한 내 생각을 많이 바꿔놓았다. 전문가들이라고 생각했던 사람들도 금융위기 앞에서 속절없이 무너졌다. 오히려 전문가들이 금융위기를 만든 장본인이었다는 사실에 나는 실망감을 감출 수 없었다. 그래서 금융위기 이후 나는 직접투자를 하는 쪽으로 선회했다.

내 첫 직접투자 종목은 현대중공업이었다. 당시 우리나라 조선 업종은 세계 최고였고 세계 1~3위 회사가 현대중공업, 삼성중공업, 대우조선해양이었다. 직접투자를 위해 증권회사에 가서 CMA를 만들고 상담을 받았는데 그때 첫 번째 추천종목이 현대중공업이었다. 추천 이유는 조선해운업이 엄청난 호황이었고 당시 조선 업종 주가가 사상 최고가를 갈아치우고 있는 시기였던 것에 반해 유

달리 현대중공업 주가가 오르지 않고 있다는 데 있었다.

주가라는 것은 단지 오르고 내리는 시기의 차이가 있을 뿐 동일 업종의 회사가 동시에 오르고 내리는 경우가 많다. 다른 조선 업종은 다 오르는데 현대중공업만 오르지 않고 있다는 것은 좋은 신호였다. 또한 나는 1등 기업에 대한 믿음이 있었다. 과거 현대중공업에 강의를 갔다가 받았던 회사에 대한 좋은 이미지, 현대중공업에 근무했던 친척분이 회사에 대한 프라이드가 아주 강했다는 사실도 투자를 하는 데 영향을 미쳤다.

현대중공업에 투자하고 1년이 안 되어 주가는 3배가 올랐다. 이 투자는 처음에는 대박이었지만 이후 욕심을 냈던 게 화근이었다. 원래 목표한 가격보다 높은 가격으로 오르니 나도 모르게 욕심을 부리기 시작한 것이다. 주식은 항상 팔기 전까지는 내 돈이 아니라는 명제를 증명시켜준 투자였다.

나는 17만 원에 주식을 사면서 가격이 30만 원만 넘으면 팔겠다고 생각했다. 그런데 순식간에 30만 원을 돌파한 것이다. 갑자기 급등하는 주가 앞에서 욕심을 자제하고 주식을 판다는 것은 어려운 일이었다. 나는 목표 가격을 수정했다. 40만 원만 되면 팔겠다고 목표를 다시 세웠는데, 그 역시 한 달 만에 돌파하고 50만 원을 향하고 있었다. 내 머릿속에는 두 달 사이에 번 돈의 숫자로 가득 차 있었고, 50만 원도 금방 돌파하리라는 부푼 꿈에 젖어들었다. 계속해서 내 목표 가격은 올라갔다. 이번에는 진짜 55만 원에 매도할 것이라는 다짐을 했다. 물론 이 다짐은 30만 원, 40만 원, 50만 원을 넘어서기 전에 세웠던 다짐과 다를 바 없었다.

주가는 54만 원 언저리에서 맴돌면서 마음을 조급하게 만들었다. 조금만 더 넘으면 팔아서 3배가 넘는 수익을 남길 것이라는 뿌듯한 생각에 매일 주식시세표를 보고 있었다. 그러나 내 욕심과 다르게 주가는 갑자기 이유도 없이 빠져서 40만 원 초반으로 떨어졌다. 나는 일시적인 하락일 뿐 곧 회복할 것이라는 근거 없는 믿음으로 버티고 있었다. 오히려 여윳돈이 조금 생기자 '물타기'를 했다. 주가가 다시 50만 원을 돌파하리라는 믿음이 있었고, 40만 원 초반 주가는 싸다고 생각하여 평균매입단가를 떨어뜨리는 방법을 쓴 것이다.

그러나 물타기를 한 후 주가는 30만 원대로 내려갔고 다시 20만 원대로 내려갔다. 처음 17만 원에 매수한 주식의 수익률은 낮아졌고 40만 원 초반에 매수한 주식은 엄청난 손실이 생겨버렸다. 주가가 급등한 것도 단기간에 달성한 것이지만 이렇게 급등한 주가가 무너지는 것도 한 순간이었다. 몇 개월 만에 천당과 지옥을 갔다가 오니 3배가 되었을 때 시세차익이 생각나서 견디기가 어려웠다.

다시 고민이 되었다. 지금 많이 떨어진 가격으로 추가 매수하면 평균매입단가가 낮아지니 유리하지 않을까 하는 생각이 들었다. 그러나 40만 원 초반에 물타기를 하다가 손해를 보고 있는 상황이라 다시 물타기를 하는 것도 엄두가 나지 않았다. 그러면 주가가 더 떨어지기 전에 매각해서 현금을 확보했다가 나중에 싸게 다시 매수해야 하나 싶기도 했다. 이런 고민들이 생기니 계속 주가가 어떻게 될까에 대한 나만의 예측을 하느라 머릿속이 복잡했다.

그렇게 몇 개월을 보유하고 있다가 결국 20만 원대 초반에 현대중공업 주식을 모두 매각했다. 3배 수익이 났었던 것은 순간의 환상으로 끝났고 물타기한 주식까지 한다면 20퍼센트 정도 손해를 보았다. 그 이후 10만 원 이하로까지 떨어졌으니 그때 20만 원 초반에라도 매각한 것이 그래도 손실을 줄인 결정이었다는 것으로 위안삼았다.

현대중공업 투자를 통해 나는 중요한 교훈을 얻었다. 주가라는 것은 절대 내가 예측할 수 있는 영역이 아니라는 사실이었다. 주가는 언제든지 올라갈 수도 있고 내려갈 수도 있다. 내가 예측한 대로 될 수도 있지만 예측한 것과 반대로 될 가능성도 항상 있는 것이다. 주가를 무시해서도 안 되지만 주가만 보는 것은 정말 위험한 투자 방법이다. 주가는 미래의 주가를 예측하기 위해서 있는 것이 아니라 현재 회사 가치에 비해 거품이 끼어 있는지, 저평가 되었는지를 판단하는 하나의 지표라는 시각으로 접근해야 한다. 회사 가치를 무시한 주가는 결국 투자에 아무런 도움도 되지 않는 허상에 불과한 것이다.

4장

나는 왜
주식에
투자하는가?

투기
vs
투자

　　　　　여전히 주식을 '투기'로 여기는 사람들이 많다. '돈 놓고 돈 먹는' 부정한 행위로 생각하는 것이다. 그럼 투자와 투기의 차이는 무엇일까? 그건 로맨스와 불륜의 차이를 구분하는 것처럼 어렵다. '내가 하면 로맨스, 남이 하면 불륜' '쿨하면 로맨스, 더티하면 불륜' '짧으면 로맨스, 길면 불륜' '남이 모르면 로맨스, 남이 알면 불륜' '양심이 있으면 로맨스, 양심이 없으면 불륜' '말뿐이면 로맨스, 살 닿으면 불륜' 등 떠도는 말도 참 많다. 로미오와 줄리엣, 이몽룡과 성춘향, 당 현종과 양귀비, 시저와 클레오파트라의 사랑처럼 로맨스인지 스캔들인지는 사람들의 입장에 따라 다른 결론이 나올 것 같다.

　　로맨스와 불륜의 차이를 투자와 투기에 패러디해보자. '내가 하면

　　　　　　　　　　　나는 적금보다 5배 이상 버는 주식투자를 시작했다

투자, 남이 하면 투기' '길면 투자, 짧으면 투기' '알고 하면 투자, 모르고 하면 투기' 정도가 아닐까? 짧으면 로맨스고 길면 불륜인데 투자와 투기는 반대로 길면 투자고 짧으면 투기다. 이건 장기투자냐, 단기투자냐를 빗대어 하는 말이다. 아무래도 길게 투자하면 개인적인 감정이나 흥분보다는 냉정하게 시장을 바라보게 되는 경우가 많기 때문이다. 그런 면에서 '흥분하면 투기, 냉정하면 투자'이기도 하다. 투기 대상은 실제로 가격이 급격히 상승하거나 요동을 치는 경우가 많다. 때로는 동기나 과정보다 결과를 두고 투자와 투기를 구분하는 경향도 있다. 성공한 투기는 투자, 실패한 투자는 투기라는 것이다. 충신과 역적을 평가할 때 '이기면 충신, 지면 역적'이라고 역사에 기록되는 것처럼 말이다.

어쨌거나 투기에 빠지면 나중에 힘들어지는 경우가 많은 것만큼은 분명하다. 그런데도 왜 사람들은 계속해서 투기에 빠질까? 우리나라 부모들이 사교육의 문제를 말하면서도 아이들을 학원에 계속해서 보내는 이유와 비슷하지 않을까 싶다. 실제로 학원이 아이들의 미래에 도움이 된다고 생각하기보다는 주변에서 모두 학원을 보내니까 불안해서 보내는 경우가 많다. 우리나라 교육을 망치는 사람은 '옆집 엄마'라는 우스갯소리도 그래서 나온 말이다.

투기에 빠져드는 것도 마찬가지다. 옆집에서 돈 버는 것을 보고 쫓아가기 때문이다. 남이 하면 나도 하고 남들이 많이 투자하는 곳에 나도 따라가는 군중심리다. 인간 본성 자체가 다른 사람의 행동을 쫓고 있어야 안심이 되는 게 있는 것도 같다.

투기로 인해 힘들었던 과거를 반복해서 보고 들으면 고쳐질 것도 같은데 사람들은 아픈 과거를 금방 잊어버린다. 요컨대, 나는 투자와 투기의 정의는 이렇다고 생각한다. 알고 하면 투자고, 모르고 하면 투기다. 투기가 되지 않으려면 공부를 많이 해서 아는 것의 범위를 넓히든지, 아니면 좁게라도 내가 아는 것에만 집중해서 투자를 해야 한다. 전자는 투자의 성과가 더 크겠지만 시간이 그만큼 많이 들 것이고, 후자는 성과는 적겠지만 시간 투자도 적어지니 효율적일 것이다.

주식은
위험하다?

우리 같은 개인투자자들은 항상 부자가 될 기회를 놓치고, 전문가들의 논리에 혼란스럽기만 하며, 힘과 자본력과 정보 면에서도 외국인과 싸워서 이길 수 있는 힘이 없다. 그런데도 나는 주식을 좋아하고, 주식을 권유하며, 배우려고 하는 사람들에게 주식투자를 가르치기도 한다. 특히 우리 직원들에게는 주식과 관련된 교육을 꽤나 자주 강조해서 한다.

우리 회사 직원 K는 오직 저축만 하는 안전제일주의자다. 우리 회사의 사업에는 주식투자 사업이 포함되어 있고 자주 투자에 대한 이야기를 하지만 K는 항상 안전한 것이 제일이며 주식은 위험하기 때문에 생각하지도 않는다고 했다. 저축이나 보험은 안전하지만 주식이 위험하다고 생각하는 사람들은 주식 근처에 가려고도 하지 않는다. 그래서 나는 K의 모습이나 행동을 보면 항상 '안전'이라는 말이 떠오른다.

그러나 K의 생각과 달리 우리나라 국민들은 이미 모두 주식에 투자하고 있다. 국민연금이나 공무원연금, 우체국보험, 사학연금 등에 가입했다는 자체가 연기금 등을 통해서 주식투자를 하고 있는 셈이 된다. 자신이 직접 투자하지 않는다고 주식을 안 하는 게 아니라 펀드나 연기금에 가입하는 것 자체가 간접적으로 주식투자를 하고 있는 것이다.

그러면 과연 주식이 K의 생각처럼 위험한 것일까? 위험이란 무엇일까? 위험의 개념은 어떻게 생각하느냐에 따라 달라진다. 앞으로 손실이 발생할 가능성을 위험이라고 한다면 오히려 예금은 확실하게 손해가 나는 위험한 상품이다. 예금 이자율이 물가상승률보다 낮은 저금리 상황에서 예금에 넣어둔 돈은 시간이 갈수록 가치가 확실하게 떨어지므로 위험한 상품이다. 원금보장이라는 개념이 예금을 안전상품으로 포장하고 있지만, 경제학의 화폐 가치 개념에서 본다면 안전한 상품이 아닌 것이다.

그렇다고 주식이 안전하다는 것은 아니다. 주식에 투자하는 것은 곧 회사의 일부분을 갖는 것이며 사업에 투자하는 것이다. 사업이 위험하다고 생각한다면 주식이 위험한 것은 당연하다. 그러나 주식이 사업이라 위험하다고 하더라도 내가 직접 사업에 뛰어드는 것보다는 위험하지 않다.

국내 주식에 투자한다면 우리나라에서 장사 잘한다고 소문난

나는 적금보다 5배 이상 버는 주식투자를 시작했다

2000여 개의 회사에 투자하는 것이다. 그런데 개인이 사업을 한다고 하면 그건 대부분 치킨가게 같은 소규모 자영업이다. 자영업자들 얘기를 들어보면 가게들이 많아져 장사가 안 된다는 애로점을 심심치 않게 토로한다. 대기업들마저 골목상권에 들어오니 더 힘들다고도 한다. 소규모의 자영업자가 규모와 자금력을 가진 대기업에 맞서 이기는 것은 애초에 불가능한 싸움일지 모른다. 그러니 자영업을 하는 것에 비하면 대기업에 투자하는 주식투자가 훨씬 덜 위험한 것이다. 그런데도 왜 주식투자는 우리들의 인식 속에서 위험해져버린 것일까?

그것은 주식투자를 사업으로 보지 않고 주가의 시세차익으로만 보기 때문이다. 주가라는 것은 사람들이 만들어놓은 가격이어서 종종 비이성적으로 움직이기도 한다. 그런데 개인투자자들이 주가만 보고 싸게 사서 비싸게 팔려고 접근하니 오히려 프로들에게 당하기 쉬운 것이다. 시세차익 목적의 투자는 가격을 예측하면서 해야 하는데 개인들에게는 주가를 예측할 능력이 부족하다. 하지만 자금력과 경험이 풍부한 외국인들은 주가의 움직임조차 만들곤 한다. 그러므로 시세차익을 목적으로 접근하는 사람들에게 주식은 냉혹하리만큼 위험한 존재일 수밖에 없다.

주식투자는 가격을 예측하면서 하는 것이 아니라 회사를 보고 해야 하는 것이다. 회사가 사업을 하는 데 필요한 자금을 지원하고 추후에 회사가 벌어들인 이익을 분배받는다는 개념으로 접근해야 한다. 그러면 주가도 오르고 배당도 받는 것이다. 그렇기 때문에 주식은 가격 상승을 생각하는 거래가 목적이 아니라 회사의 이익에 투자하는 사업이 목적이어야 하는 것이다.

나는
매매하지 않고
회사를 보유한다

나는 매매를 할 때마다 매매 내역을 사내 인트라넷에 실시간으로 올리기 때문에 직원들은 내가 투자한 종목이 무엇인지, 언제 얼마의 가격에 몇 주를 샀는지를 모두 알 수 있다. 투자에 관심이 있는 직원들은 나를 따라서 투자하곤 한다.

한 직원은 내가 롯데푸드를 가지고 있는 것을 보고 자신도 따라서 1000만 원을 투자했다. 그때 롯데푸드 주식이 63만 원 정도 하고 있을 때였는데, 주가는 58만 원까지 떨어졌다가 금방 회복해 두세 달 만에 70만 원을 넘어서 80만 원까지 올라섰다. 나는 얼마 후 그 직원에게 물었다.

"요즘 롯데푸드 많이 오르고 있는데 용돈 좀 벌었죠?"

그러자 그 직원이 아쉬운 듯이 말했다.

"저 벌써 팔았어요. 70만 원 넘었을 때 100만 원 남기고요."

나는 안타까워하며 말했다.

"이제 오르기 시작했는데 벌써 팔면 어떡해?"

그 직원은 수익이 10퍼센트 났고, 결혼을 앞두고 자금이 필요하기도 해서 그냥 주식을 팔았다고 했다. 초기 몇 개월 동안 주가가 50만 원대까지 떨어져서 가슴앓이를 하고 있었는데 주가가 회복되니 불안해서 얼른 팔아버린 것이다.

롯데푸드 주가는 90만 원을 넘어서 얼마 후 120만 원까지 올라갔다. 보통 개인투자자들은 주가가 오르기 시작하면 너무 성급하게 이익을 챙기고 식탁을 떠나버린다. 주가라는 것은 꾸준히 실적을 따라 오르는 것이 아니라 오랫동안 정체 상태에 있다가 오를 때 갑자기 급등하는 경우가 많다. 최고가를 향해서 가려고 꿈틀거리는 상황인데 개인투자자들은 성급한 마음에 오르자마자 팔아버리는 것이다.

직원들도 그랬다. 주식을 사는 것은 나를 따라 하는데, 파는 것은 따라 하지 않고 있었다. 나는 동서를 오래전부터 매입해서 가지고 있고 평생 가지고 가야 하는 주식이라고 생각하면서 샀는데 나를 따라 하던 직원들은 매매차익을 얻으려고 계산기를 두드리고 있었던 것이다. 그러니 조금 오르면 팔아버리고 오르지 않으면 다른 종목에 기웃거리는 것이다.

주식투자에서는 의외로 매매보다는 보유를 했을 때 수익이 더 좋은 경우가 많다. 나도 수익이 상당히 난 주식을 팔아서 저평가되었다고 생각한 주식으로 갈아타기도 했는데 결과는 그렇게 좋지 못했다. 수익이 났던 주식은 그 이후에도 더 올랐는데 갈아탄 종목은 오히려 떨어지는 경우가 더 많았다. 그래서 처음 투자할 때 좋은 가격으로 매수한 회사라면 그 이후 특별한 문제가 없는 한 가격에 상관없이 그냥 보유하는 편이 낫겠다는 생각을 하게 되었다.

실제 우리나라 주식부자들인 삼성의 이건희 회장과 이재용 부회장, 현대자동차의 정몽구 회장과 정의선 부회장, 아모레퍼시픽의 서경배 회장, SK 최태원 회장 등은 주식 매매로 돈을 번 사람들이 아니다. 이들은 매매가 아니라 사업을 통해 주식 가치가 늘어나서 부자가 된 사람들이다. 집을 구입하는 목적이 주거를 위한 것이지 시세차익을 올려서 다른 집으로 갈아타려는 것이 아닌 것처럼 주식은 회사에 투자하여 회사가 벌어들이는 이익을 얻으려는 것이지 시세차익을 위해 매매하려는 것이 되어서는 안 된다.

매매를 많이 하게 되면 수수료가 늘어나서 증권회사 배만 불려준다는 것도 기억해야 한다. 주식을 매수하거나 매도하게 되면 세금과 수수료를 지급해야 하는데 대략 0.5퍼센트 정도 되기 때문에 매도와 매수를 동시에 하면 1퍼센트 정도가 비용으로 나간다고 보면 된다. 1년에 10번을 사고파는 거래를 한다면 연 10퍼센트의 비용이 발생하게 되므로 연 10퍼센트 수익이 나더라도 순수익은 0(zero)이 될 만큼 높은 비용이다.

장기투자에 대해 회의적으로 생각하는 사람들도 있다. 국가 경제가 망하거나 회사가 망하면 주식도 종잇조각이 되지 않느냐고 반문하는 것이다. 국가 경제가 어려워지거나 회사가 망하는 것을 걱정하는 사람한테는 이렇게 되묻는다.

"그렇게 불안하면 예금이나 보험은 어떻게 가입하나요?"

국가가 망하면 주식만 폭락하는 것이 아니라 현금이나 예금 가치도 폭락하고 예금자보호도 어려워질 수 있다. 결국 아무 데도 투자할 데가 없어진다. 또 사람들이 그렇게 안전하다고 하는 예금을 취급하는 은행이나 보험을 취급하는 보험회사도 모두 주식회사로 상장된 회사인데 주식이 휴지 조각이 된다면 예금이나 보험금도 휴지 조각이 될 가능성이 높을 것이다.

사람들의 걱정처럼 회사가 망하게 되면 주식도 휴지가 되어버릴 수 있다. 그래서 회사를 고를 때 망하지 않을 회사를 고르는 것이 가장 중요하다. 망하지 않을 회사를 고르는 것이 쉬운 건 아니지만 약간의 노력만 한다면 그렇게 어려운 것도 아니다.

주식
VS
부동산

주식보다 부동산으로 돈을 버는 사람들이 더 많다. 그 이유 중 하나는 보유기간에서 차이가 나기 때문이다. 사업이든 주식이든 부동산이든 변하지 않는 것이 있다면, 투자 상품의 가치와 가격은 비례한다는 것이다. 이 원칙이 장기적으로는 맞지만 문제는 단기적으로 맞지 않을 수 있다는 것이다.

여기에서 장기적이라는 것은 사람마다 다를 수 있지만 내 경험적으로 보면 5년에서 10년 정도면 거의 비례하고 그 기간이 길어지면 오차가 거의 없게 된다. 반대로 투자기간이 5년 이하라면 가치와 가격은 달라질 수 있는데 가치가 있더라도 가격은 낮을 수 있고 가치는 없지만 가격은 높게 나올 수 있다.

주식보다는 부동산으로 돈을 벌었다는 사람들이 많은 이유 중 하나가 여기에 있다. 주식은 1년만 보유해도 장기투자라고 생각하는데 부동산은 1년 만에 팔거나 매매하는 사람들이 거의 없다. 주식은 매일 가격이 나오고 심리적인 동요를 가져오는 환경이어서 단타매매를 유도하지만, 부동산은 매일 시세가 나오는 것이 아니고 매매를 할 수 있는 공개된 시장이 있는 것도 아니어서 장기투자를 할 수밖에 없게 된다. 부동산은 사고 나서 잊어버리지만 주식은 사고 나서 매일매일 체크하게 되는 것이다.

그렇다고 부동산이 주식보다 돈 벌기가 쉬운 것은 아니다. 왜냐하면 주식과 부동산의 가치와 가격의 비례성 때문이다. 주식은 주식회사에 투자하는 것이고 회사가 돈을 꾸준히 벌기만 한다면 가치와 가격은 올라가게 되어 있다. 그러나 부동산의 가치는 제한적이다. 주거용 부동산은 그 가치가 주거 목적에 제한되어 있고 상업용 부동산은 사업 목적으로 임대될 때 가치가 있는데 최근 기업들의 흐름을 보면 이것도 한계에 다다랐다. 부동산이 경제의 생산성에 미치는 가치가 별로 없어졌는데 가격이 그 이상 계속 오른다는 것은 가격상승 차익을 얼른 얻고 나가는 사람들한테는 호재겠지만 결국 나중에 폭탄을 잡게 되는 사람들은 가격이 폭락하는 상황을 겪어야 한다.

부동산은 실물이 있어서 가격이 어떻게 되든 남아 있지만 주식은 실물이 아니어서 나중에 종잇조각이 되어버리면 어떻게 하느냐는 사람도 있다. 큰 아이가 다섯 살 때 돼지저금통에 있는 돈을 은행에 가서 넣자고 했더니 자기 돈을 은행에 줘버린다고 생각해 자기는 은행에 가기 싫다고 했다. 나는 은행 직원과 이야기해서 딸이 가장 좋아하는 음료수를 은행에 올 때 마실 수 있도록 했고 덕분에 은행에 대한 거부감이 줄었다. 그러나 돼지저금통에 있는 동전이나 은행에 넣은 통장 잔고나 똑같은 돈이라는 것을 모르는 성인은 없을 것이다. 마찬가지로 주식이 실물이 아니라고 말하는 것은 은행 통장 잔고가 돈이 아니라고 말하는 것과 마찬가지다. 회사라는 실물을 숫자가치로 표시한 것이 주식이므로 주식은 종잇조각이 아니라 실물과 같은 가치를 가진다.

나는 사람들이 위험하다고 생각하는 주식은 좋아하지만 사람들이 안전하다고 생각하는 금이나 주택에 대한 투자는 오히려 금기시한다. 금값이 오르는 것은 세상이 불안하고 경제가 안 좋아 안전자산을 찾기 때문이다. 금은 전혀 경제활동에 도움을 주지 못하는 것으로 오직 사람들의 감정에 따라 가격이 오르고 내리는 전형적인 투기 대상이라고 생각한다. 사람들은 금의 희소가치를 보고 사고팔며 투자하지만, 사실 금 투자는 경제에 아무런 도움도 되지 않는 비생산적인 것일 뿐만 아니라 불안을 먹고 살기 때문에 나는 금에 투자해서 돈을 벌고 싶지는 않다.

한편 주택이 올라서 돈을 버는 것은 높은 값으로 주택을 산 사람에게 피해를 주는 것이어서 주택 또한 다른 사람의 불행을 영양분으로 하여 먹고사는 것이다. 나는 근본적으로 세상에 도움이 되지 않는 방식으로 번 돈은 나쁜 돈이라고 생각하는 고집이 있다.

집이라는 것은 주거의 목적으로 보유하는 것이지 돈을 벌기 위해서 투자하는 대상이 아니라고 생각한다. 주택 투자는 주택 임대수입이나 주택 매매차익으로 돈을 버는 경우로 나뉜다. 집을 구입해서 임대수입으로 돈을 번다면 목돈이 없어서 집을 사지 못하는 세입자 입장에서는 구입비용 대비 비싼 임차료를 지급하고 있다는 말이 된다. 또 주택 매매차익을 얻었다는 것은 싸게 사서 비싸게 팔았다는 것이므로 주택을 구입한 매입자는 비싸게 샀다는 말이 되는 셈이다. 주택은 국민의 기본 주거권과 관련되어 있는데 주택으로 떼돈을 번다는 것은 다른 누군가에게 주거권의 피해를 주고 있다는 것이므로 돈을 버는 방식이 좋지 않다는 것이 내 의견이다.

주택만이 아니라 다른 부동산도 마찬가지다. 땅 자체만으로는 아무런 생산성을 내지 못하며, 땅은 그 위에 공장이든 건물이든 무엇인가를 만들어서 사업용으로 사용할 때 그 가치가 있는 것이다. 결국 땅 위에 건물을 짓고 이것을 생산활동에 사용하거나 혹은 생산활동에 사용하는 사람들에게 임대해주는 경우에 가치가 있는 것이다. 공장이나 건물을 만들어서 생산활동에 사용한다는 것은 부동산으로 돈을 버는 것이 아니라 물건을 만들어서 판매하여 돈을 버는 것이므로 일반인이 생각하는 재테크 관점의 부동산 투자와 거리가 멀다.

한편 상가 등을 만들어서 임대하는 경우에는 수익이 합리적이어야 하고 제한적이어야 한다. 상가 등은 자영업자들에게 임대를 주는 것인데 건물주가 돈을 번다면 자영업자가 높은 임차료를 낸다는 것이므로 이 또한 다른 사람의 고통이 수반되어야 돈을 버는 구조다.

그렇다고 무조건 모든 주택이나 상가 주인이 나쁘다는 것은 아니다. 부동산이라는 것은 5~10퍼센트 정도의 수익이 적정하며 그 이상 수익을 내는 것은 경제적으로 건강하지 않다는 것이다. 그러니 부동산으로 대박이 났다거나 1년 만에 2배가 올라서 돈을 벌었다는 식의 내용은 뭔가 문제가 있는 것이다. 누군가는 평생에 한두 번 운 좋게 이런 이익을 낼 수는 있지만 이런 이익을 계속 낸다면 그것은 국가 경제가 정상이 아니거나 정말 운 좋게 투기로 돈을 버는 경우일 것이다.

우리 사무실이 있는 곳은 250제곱미터로 연간 임대료가 1200만 원이다. 총 6층 건물이므로 건물주 입장에서는 총 7200만 원 임대료 수입이 나오는 셈이다. 이 건물의 가격이 대략 7억에서 10억 원 선이면 건물주 입장에서는 연간 투자수익율이 7~10퍼센트이므로 적정하다. 그런데 이 부동산은 최근 가격이 급상승하여 수십억 원에 거래되고 있고 사람들은 가격이 더 오를 것이라고 생각한다. 그러므로 실제 건물의 투자 목적인 임대 수익률은 1퍼센트 정도도 안 되고 나머지는 가격 상승으로 기대하는 이익이다. 이런 가격은 사람들 사이에 가격이 더 오를 것이라는 기대심리가 만들어낸 허상이고 모두를 투기꾼으로 만들 뿐이다.

가격이 오르면 더 오를 것이라는 생각에 대출을 받아 부동산을 사고 가격을 올려서 팔려고 한다. 재산 가격은 늘어난 것 같지만 실질 가치, 즉 연간 임대료가 7200만 원밖에 들어오지 않는 사실은 변하지 않는다. 가치는 그대로인데 사람들이 가격을 마구 올려놓고 폭탄 돌리기를 하다가 끝내 마지막에 갖고 있던 사람 손에서 터져버린다. 사람들은 땅은 있는데 돈은 없는 땅거지가 되어간다.

이에 비하면 주식은 생산적인 투자다. 주식은 경제 3대 주체라고 하는 국가, 기업, 가계의 하나인 기업의 근간이다. 기업들이 돈을 벌고 그 돈을 주주가 나눠가지는 것이 주식이다. 주식으로 돈을 번다는 것은 기업이 돈을 잘 벌고 있다는 것이다. 기업이 돈을 잘 벌면 고용을 많이 하고, 고용이 많아지면 가계소득이 높아지므로 소비가 늘어나서 기업은 투자를 더 많이 하게 된다. 기업과 가계가 소득이 많아지므로 세금이 늘어나서 국가 경제도 좋아진다. 즉 이런 선순환 경제 구조하에서 돈을 버는 것이 주식투자이므로 주식으로 돈을 번다는 것은 경제와 동행하는 좋은 방식인 것이다.

그러나 이런 좋은 의미의 본질을 잊고 단타매매를 하며 투기대상으로 생각하는 사회 분위기가 주식시장을 변질시킨다. 회사 실적보다는 가격만 보고 사고파는 풍토나 가격을 가지고 추세 분석을 하며 매매를 권유하는 전문가들, 시세차익이 주식투자의 본질인 것처럼 설명하며 자신들의 수수료를 챙기는 금융기관들의 욕심이 주식을 투기로 몰아넣고 있는 것이다.

행복한
투자자의
삶

내가 운영하는 회계컨설팅 회사는 20명 규모의 작은 회사다. 더 이상 규모를 키우고 싶은 마음도 없고 그럴 능력도 안 된다. 그래서 조금 멋있어 보이게 나는 우리 회사 경영철학을 '규모보다 가치를 추구한다'로 정했다.

내가 중요하게 생각하는 가치는 직원들을 행복하게, 고객을 기쁘게, 사회를 아름답게 하는 것이다. 직원들을 행복하게 하기 위해서 나는 매월 조그마한 한 가지 정도의 복지를 만들어가는 것을 보람으로 생각한다. 그렇게 만든 복지제도가 35가지 정도 되고 내 메모장에는 아직도 25가지 정도의 시행하지 않은 복지가 남아 있다. 한 번 만든 복지는 없애기 힘들기 때문에 우리의 여력을 생각하며 점차 실행할 생각이다.

회사 복지 중에서 직원들이 가장 마음에 들어 하는 것이 휴가제도다. 사자도 배가 부르면 사냥을 안 하는데 사람들은 배가 불러도 계속 더 높은 목표를 세우고 욕심을 낸다. 나도 항상 그런 욕심이 생기고 그러다 보면 일과 삶의 균형이 깨진다. 그래서 만든 복지제도가 '목표달성 휴가'다. 한 달 목표를 정해두고 그 목표를 달성하면 달성한 날의 바로 다음 날부터 말일까지 휴무에 들어간다. 목표를 빨리 달성하면 휴가가 늘어난다. 또 휴가를 가기 때문에 계속해서 돈 버는 일을 잠시 멈출 수 있다.

목표달성 휴가 외에도 우리 회사 전 직원은 한 달 정도 통 휴가를 받는다. 내가 매년 여행을 한 달씩 떠나다 보니 최소 한 달 정도의 휴가가 있어야 단순 관광이 아닌 진짜 여행을 하고 올 수 있다고 생각해서 만든 것이다. 여행을 좋아하는 직원들이 가장 선호하는 휴가다.

게다가 연차 30일을 받고 한 달 동안 교육만을 위해 떠나는 휴가도 있다. 매주 금요일은 오전 근무만 하며 5월 어린이날이 있는 첫째 주에는 봄 휴가, 12월 말 크리스마스가 있는 주에는 겨울 휴가를 지급한다. 야근과 휴일 근로는 원칙적으로 금지하고 있으며 신고업무의 특성상 불가피하게 야근을 해야 하는 경우 사전 허가를 받은 경우에만 허용한다. 야근이나 휴일 근무를 한 경우에는 근로 시간의 1.5배를 계산해서 평일 대체휴무로 지급한다.

이렇게 계산해보니 1년 365일 중에 공휴일을 포함해 230일 정도의 휴일이 발생한다. 이를 1주일로 환산하면 3일 근무하고 4일 쉬는 셈이 된다. 사실 휴가가 너무 많다 보니 직원들이 목표달성 휴가 대신 돈으로 받기를 원하는 경우도 있어서 휴가가 너무 많은 달은 목표달성 휴가를 휴가비로 보상하는 경우도 있다.

복지라는 것은 마음가짐이 제일 중요하겠지만 마음만으로 되는 것은 아니다. 경제적으로 여유가 되지 않으면 안 된다. 또 휴가가 많다는 점의 이면에는 남아 있는 직원들이 휴가 간 직원들의 업무를 대신 처리해줘야 하는 안 좋은 점도 있다. 그래서 이런 복지제도를 시행하려면 직접 일하지 않아도 돈이 벌리는 시스템을 만들어 놓아야 한다. 우리 회사는 그 시스템의 일부를 투자수입에서 충당하고 있고 앞으로 그 비중을 늘려서 휴가를 더 많이 떠날 수 있도록 만들려고 한다.

나는 주주라는 직업을 정말 좋아한다. 아마 이 세상에서 모든 사람이 꿈꾸는 조건을 다 가지고 있는 직업이 아닐까 싶다. 내가 일할 필요가 없고 전국에서 2000등 안에 드는 최고경영자들이 나를 대신 해서 열심히 일해준다. 고객에게 아쉬운 소리를 할 필요도, 상사로부터 듣기 싫은 소리를 들을 필요도 없다. 출근할 필요도 없고 책임져야 하는 조직이 있는 것도 아니다. 주주라는 직업만 가지고 있으면 재미없겠지만 다른 직업을 가진 상태에서 부가적인 돈을 벌기 위해 주주라는 직업을 하나 더 갖는 것은 매우 좋은 선택이다.

나는 4명의 우리 아이들에게 4개의 직업을 각각 하나씩 물려줘야

겠다는 생각을 한다. 글 쓰고 그림 그리는 것을 좋아하는 큰딸 예림이한테는 작가, 꼼꼼하고 모험을 하지 않는 둘째 현빈이한테는 회계사, 야무지고 말하는 것을 좋아하는 채니한테는 강연가나 방송과 관련된 일, 예체능에 끼가 있어 보이는 막내 겸이한테는 주주라는 직업을 물려주고 싶다. 예림이나 현빈이, 채니한테는 각자의 재주와 관련되어 있는 직업을 물려주려고 생각하고 있지만 겸이에게는 전혀 재능과 관련 없는 주주라는 직업을 물려주려는 이유는 예체능을 하려면 돈이 필요한데 일하지 않고 돈이 나오는 직업 중 가장 좋은 직업이 주주라는 생각에서다.

유대인들은 중세시대부터 이어온 경험으로 세계 경제와 금융시장을 장악하고 있다. 경제에 대해 해박한 유대인들은 자녀들의 경제교육에도 각별히 신경을 쓴다. 단적인 예로 자녀가 성년이 되면 우리나라 돈으로 2억 정도에 해당하는 돈을 주는데 어려서부터 경제교육으로 무장한 자녀가 이 정도 초기자본금을 가지고 사회에 진출하면 경제관념 없이 빚으로 시작하는 사람들과 확연히 차이가 날 수밖에 없다.

나는 우리 아이들이 어렸을 때부터 통장을 선물로 주었고, 이를 기반으로 주식투자를 알려준 덕에 지금은 모두 주식을 가지고 있다. 어린이날 통장을 선물로 주면 그게 무슨 선물이냐고 묻는 부모를 본 적이 있는데 그런 생각을 가진 부모가 자녀에게 경제교육을 제대로 시킬 리는 없을 것 같다. 우리 아이들은 용돈을 받고 용돈기 입장을 꼬박꼬박 쓰며 자기가 투자한 주식회사의 이름을 기억한다. 그래서 마트에 가면 아이스크림을 사더라도 빙그레 제품을 사온다. 자연스럽게 제품에 적힌 회사 이름을 보는 습관이 생기고 모르는 회사명을 보면 어떤 회사인지 나한테 묻곤 한다. 장난감이나 다른 선물을 주는 것과 주식을 선물로 사주는 것의 차이가 시간이 지나면서 얼마나 벌어질까? 자녀들에게 큰 액수는 아니더라도 주식을 선물로 사주고 그 회사와 제품에 대한 이야기를 해보자. 이것은 내가 생각하는 주식투자자의 삶이고 행복한 투자자의 삶의 모습이기도 하다. 그래서 나는 주식을 좋아하고 주식에 투자한다.

한 번에 파악하는
투자 용어

1. 기업가치 평가 방법

회계사인 나는 기업의 가치를 평가하는 가장 좋은 방법이 무엇인가에 대해 꽤나 오랫동안 천착해왔다. 회사의 가치를 제대로 평가해낼 수만 있다면 가치보다 주가가 더 낮을 때 싸게 매수해서 가치보다 주가가 높아지면 매도하는 것이 가능해진다. 주가는 실시간으로 공표되므로 투자하는 사람에게 관건은 기업의 가치를 제대로 평가하는 방법이다. 그러나 기업의 가치는 미래를 예측해야 하는 일이다. 미래를 예상한다는 것은 신의 영역이고, 기업이 미래에 얼마나 벌어들일지 예측한다는 것은 사실 투자자에게 불가능에 가까운 일이다.

나는 이런 현실적인 한계를 인정하고 미래를 예측하는 것을 포기했다. 대신 미래를 예측할 필요가 없는 회사가 없는지 찾기 시작했다. 회사의 미래를 알 수는 없지만 최소한 미래를 예측하는 데 위험이 적은 회사를 찾기 시작한 것이다. 그래서 과거 15년 자료를 분석해서 매출과 이익이 크게 변동하지 않는 회사를 살펴봤고 가장 안정적인 매출과 이익을 내는 회사들이 있다는 것을 발견했다.

가장 안정적인 매출과 이익을 내는 회사는 식음료 회사들이었다. 식음료 회사는 독점력을 가진 회사가 대부분이고 경기에 상관없이 항상 사람들이 소비를 해야 하는 분야다. 외국 회사가 오더라도 우리나라 사람은 우리나라에서 먹어왔던 음식을 먹기 때문에 더 그렇다. 결국 반도체나 조선, 자동차 회사 등의 미래를 예측하는 것은 어려운 일이지만, 식음료 회사의 미래는 크게 변동되지 않기 때문에 어느 정도 예측이 가능하다.

투자에서 미래에 대한 예측이라는 어려운 영역을 빼고 생각하자. 그러면 의외로 간단해진다.

2. PER과 PBR

일반 개인투자자들이 사용할 수 있는 지표는 여러 가지가 많지만 **PER**(버는 능력)과 **PBR**(재산 현황)에 국한해도 문제가 없을 것이다.

(1) **PER**(Price earning ratio, 주가수익비율)

주가를 이익으로 나눈 것으로 현재의 주가가 1주당 순이익의 몇 배로 거래되는지 나타낸다. 즉, 현재의 주가가 그 기업이 벌어들이는 이익에 비해 얼마나 높게 또는 낮게 거래되는지 보여주는 지표다. 가령 현재 1주당 이익이 100이고 주가가 1000이라면 주가가 이익의 10배이며 PER는 10이 되는 것이다. 반대로 해석해보면 1000에 구입한 회사가 1년에 100의 이익을 낸다면 연간 10퍼센트 수익률이므로 10년이면 원금을 뽑게 되는 것이다. 즉, PER은 투자자의 초기 투자금액을 회사가 다시 벌어들이는 데 걸리는 햇수로 생각할 수 있다. 매년 100을 벌어서 투자금 1000을 벌어들이는 데 10년이 걸리는 것이다.

(2) PBR(Price Book-value Ratio)

주가를 1주당 순자산으로 나눈 것으로 현재 주가가 1주당 기업 순자산의 몇 배로 매매되고 있는지를 나타내는 지표다. 주가가 5000원이고 순자산이 1주당 1만 원이면 PBR은 0.5배다. PBR이 1배 미만이면 기업이 당장 영업을 중지해도 회수할 수 있는 돈인 청산 가치보다 주가가 낮다는 뜻이다.

3. PER과 PBR 활용법

나는 매월 말 식음료 업종 중에서 투자 관심 종목의 PER과 PBR을 정리해서 비교해보는 것을 좋아한다. 여러 회사들을 함께 비교해보면 어떤 회사가 주가가 싼지를 파악하기가 쉽기 때문이다. PER 기준으로 보면 롯데푸드, 동서, 빙그레 등이 싸고 PBR 기준으로 보면 롯데푸드, 롯데칠성, 롯데제과와 빙그레 등이 싸다.

PER이나 PBR만 가지고 주가를 판정하기는 어려울 텐데 일반 사람들한테는 PER이나 PBR자체도 어려울 수 있다. 주가가 싸고 비싼지 알 수 있는 좀 더 쉬운 기준은 없을까? 확실하게 싸다는 확신이 들 때 사고, 싸다는 확신이 안 들면 투자는 할 이유가 없다. 경제가 너무 안 좋아서 회사의 실적과는 관계없이 가격이 떨어지는 경우가 있다. 사람들은 불안하면 무조건 팔려고만 하니 가격이 떨어진다. 경제위기가 오거나 경제 뉴스에 주식은 끝났다는 말이 나오지만 소나기가 지나고 나면 옥석이 가려진다. 주가가 폭락했을 때 안정적인 기업에 투자하고 기다리는 투자가 개인투자자들에게 적합한 방식이다.

시장은 항상 변덕스러워서 3~5년 정도에 한 번씩은 PER이 10 이하, PBR이 1이하로 떨어지는 경우가 생긴다. 이때 현금만 가지고 있다면 정말 싸게 살 수 있는 기회가 온다. 혹시나 PER이 10 이상이고, PBR이 1을 넘더라도 동종 업종의 경쟁 회사와 비교하여 PER과 PBR이 현저히 낮다면 투자 대상에 올려놓을 수도 있을 것이다.

4. 펀드와 파생상품

펀드를 투자할 때 구체적으로 어떤 공부를 해야 할까?

⑴ 우선 펀드 운용사의 운용철학을 봐야 한다. 성장하는 회사에 주로 투자하는 펀드인지, 아니면 가치주나 배당주에 투자하는 펀드인지 운용스타일을 체크해야 한다. 어떻게 보면 주식에 투자한 것이나 펀드에 투자한 것이나 공부를 해야 한다는 점에서는 똑같다. 일을 해도 내가 하는 것과 남에게 맡기는 방법이 있는데 남에게 맡긴다고 내버려둘 수는 없는 것이다. 내 일을 맡은 직원이나 회사의 스타일을 잘 알고 있어야 하고 얼마나 일을 잘하고 있는지 체크해야 한다.

⑵ 내가 가입한 펀드의 펀드매니저 능력과 성과도 살펴봐야 한다. 성과는 단기간이 아니라 최소 3년 이상 누적수익률을 보고 체크해야 한다. 또 장사 잘되는 집에 가면 손님이 꾸준히 느는 것처럼 펀드도 펀드 규모가 안정적으로 증가해야 한다. 그만큼 믿고 맡기는 사람들이 늘어난다는 뜻이니까 말이다.

⑶ 펀드는 운용사에 맡기는 것이므로 수수료를 체크해야 한다. 세상에 공짜가 없고 펀드도 무료 서비스가 아니다. 보통 펀드 비용은 수수료와 보수로 구분되는데, 수수료는 펀드에 가입하거나 환매할 때 지급하는 것이고, 보수는 보유기간 중에 운용대가로 지급하는 것이다. 한편 수수료는 투자자가 지불하는 판매비용으로, 펀드에 가입할 때 한꺼번에 지급하는 선취판매 수수료와 펀드를 환매할 때

내는 후취판매 수수료가 있다. 펀드 보수는 펀드 운용과 관리가 어려운 순서에 따라 높게 책정되는데, 주식형 펀드의 경우 연 1.8~3퍼센트의 보수가 부과된다. 주의할 것은 펀드 수수료는 한 번만 내는 것이 아니라 매년 내야 하기 때문에 장기투자를 할수록 수수료가 비싸진다는 것도 유념해야 한다. 펀드 종류에 따라 수수료가 다르기 때문에 가입 약관을 꼭 보고 되도록 비용이 적은 펀드에 가입하는 것이 좋다.

연	원금	최초	1년	2년	3년	4년	5년	6년	7년	8년
0	1,200	1,200	1,320	1,452	1,597	1,757	1,757	2,126	2,338	2,572
1	1,200		1,200	1,320	1,452	1,597	1,757	1,757	2,126	2,338
2	1,200			1,200	1,320	1,452	1,597	1,757	1,757	2,126
3	1,200				1,200	1,320	1,452	1,597	1,757	1,757
4	1,200					1,200	1,320	1,452	1,597	1,757
5	1,200						1,200	1,320	1,452	1,597
6	1,200							1,200	1,320	1,452
7	1,200								1,200	1,320
8	1,200									1,200
9	1,200									
10	1,200									
11	1,200									
12	1,200									
13	1,200									
14	1,200									
15	1,200									
16	1,200									
17	1,200									
18	1,200									
19	1,200									
20	1,200									
합	25,200	1,200	2,520	3,972	5,569	7,326	9,259	11,385	13,723	16,295

2부

한 달 4시간으로 연 10% 버는 행복한 투자자가 돼라

종가 (만 원)

10년	11년	12년	13년	14년	15년	16년	17년	18년	19년	20년
3,112	3,424	3,766	4,143	4,557	5,013	5,514	6,065	6,672	7,339	8,073
2,830	3,112	3,424	3,766	4,143	4,557	5,013	5,514	6,065	6,672	7,339
2,572	2,830	3,112	3,424	3,766	4,143	4,557	5,013	5,514	6,065	6,672
2,338	2,572	2,830	3,112	3,424	3,766	4,143	4,557	5,013	5,514	6,065
2,126	2,338	2,572	2,830	3,112	3,424	3,766	4,143	4,557	5,013	5,514
1,757	2,126	2,338	2,572	2,830	3,112	3,424	3,766	4,143	4,557	5,013
1,757	1,757	2,126	2,338	2,572	2,830	3,112	3,424	3,766	4,143	4,557
1,597	1,757	1,757	2,126	2,338	2,572	2,830	3,112	3,424	3,766	4,143
1,452	1,597	1,757	1,757	2,126	2,338	2,572	2,83	3,112	3,424	3,766
1,320	1,452	1,597	1,757	1,757	2,126	2,338	2,572	2,830	3,112	3,424
1,200	1,320	1,452	1,597	1,757	1,757	2,126	2,338	2,572	2,830	3,112
	1,200	1,320	1,452	1,597	1,757	1,757	2,126	2,338	2,572	2,830
		1,200	1,320	1,452	1,597	1,757	1,757	2,126	2,338	2,572
			1,200	1,320	1,452	1,597	1,757	1,757	2,126	2,338
				1,200	1,320	1,452	1,597	1,757	1,757	2,126
					1,200	1,320	1,452	1,597	1,757	1,757
						1,200	1,320	1,452	1,597	1,757
							1,200	1,320	1,452	1,597
								1,200	1,320	1,452
									1,200	1,320
										1,200
22,237	25,661	29,427	33,570	38,127	43,140	48,654	54,719	61,391	68,730	76,803

5장

외국인의
움직임을
읽는다

외국인
무작정
따라하기

나는 투자 종목을 선정할 때 우선 외국인이 장기간 매집하는 회사에 관심을 갖는다. 외국인이 장기간 꾸준히 매집하는 데는 다 이유가 있기 때문이다. 실제로 외국인이 꾸준히 매집하고 난 후에는 대부분 주가의 급상승이 이루어진다.

내가 과거에 롯데칠성과 남양유업의 주식을 샀던 것도 철저하게 외국인 매집현황을 보고 투자한 케이스였다. 외국인이 두 회사의 주식을 장기간 매집하고 있었는데도 주가는 전혀 오르지 않고 있었다. 나는 외국인이 매수하는 이유가 있다고 생각해서 두 주식을 매수했고, 그 결과 1년이 채 안 되어 50퍼센트 이상의 수익률을 냈다. 동서 주식도 비슷한 경우다. 동서는 외국인이 무려 15년간 계속해서 매집하고 있다. 주가도 물론 올랐고, 지금도 외국인이 계속 매집하고 있는 주식이다.

개인투자자들은 외국인을 따라 하고 싶어도 방법을 몰라서 따라 하지 못하는 경우가 대부분이다. 공부 잘하는 학생들이 자신의 노트를 쉽게 보여주지 않는 것처럼 외국인도 자신들의 움직임을 쉽게 노출하려고 하지 않기 때문이다. 감추기도 하고 헷갈리게 만들기도 하고 속이기도 하기 때문에 잘못 보면 헷갈릴 수가 있다. 사는 듯이 보이지만 팔고 있고, 파는 듯이 보이지만 사고 있는 경우가 흔하다. 일반 사람들은 외국인의 하루 이틀, 또는 한 주 정도의 흐름만 보고 따라 하는 경우가 많은데 외국인은 이런 사람들의 심리를 역으로 이용한다.

관광객들이 제주도에 오면 빠지지 않고 신기해서 가보는 곳 중에 도깨비도로가 있다. 수십 년 전 한 신혼부부가 택시에서 내려 사진을 찍는데, 그곳에 세워둔 차가 저절로 오르막길을 올라가는 현상을 목격한 이후 세상에 알려지게 되었다. 오르막길처럼 보이지만 실제로는 경사 3도 가량의 내리막길이며 주변 지형 때문에 착시 현상을 일으키는 것이다. 도깨비도로만 보면 오르막 같지만 한라산의 큰 줄기에서 보면 내리막이었던 것이다.

외국인도 한 주간의 흐름만 보면 파는 것 같지만 몇 개월간의 흐름에서 보면 매수하고 있는 경우가 많다. 우리나라 전체로는 파는 것 같지만 종목별로 보면 사는 경우도 많다. 그래서 외국인 매매현황을 볼 때는 한 달 단위로 계산해서 보는 것이 좋다. 매월 외국인

나는 적금보다 5배 이상 버는 주식투자를 시작했다

이 매입한 금액과 매도한 금액을 합산해서 월별로 기록해가면 외국인이 꾸준히 매입하는 주식들이 보인다. 최소 외국인이 1년 이상 매집하고 있고, 외국인 보유율이 현저히 늘어난 경우라면 투자 대상에 올려놓아도 좋다.

한편 외국인은 누구나 주시하고 있기 때문에 쉽게 움직이지 못하는 한계가 있다. 그래서 그들은 천천히 그리고 여유를 가지고 움직인다. 개인들은 빨리 답을 내고 싶어 하는 조급증이 있고 쉽게 감정에 휘둘린다는 것을 알기 때문에 외국인들은 이런 개인들의 움직임을 충분히 활용한다. 개인투자자들이 외국인들에게 놀아나지 않으려면 그들의 예상대로 움직이지 않고 오히려 그들의 방법을 따라함으로써 그들이 제풀에 꺾이는 방법을 활용해야 한다.

요컨대, 주가는 돈과 심리에 의해서 결정된다. 돈과 심리, 그 모든 것을 가지고 이용하고 있는 투자자가 외국인이기 때문에 그들의 흐름을 잘 봐야 하는 것이다. 프로인 외국인에 맞서서 싸우려고 하지 말고 그들의 움직임을 읽으면서 그들의 어깨 위에 올라서는 것이 안전하고 편안한 투자다.

외국인이
주가를
올리는 방법

　　　　　주가와 외국인의 움직임에는 밀접한 관계가 있다. 주가가 떨어지는데 외국인이 대규모로 계속 매수하고 있는 주식이 있다면, 그건 그 기업의 잠재력을 믿고 싸게 구입하고 있을 가능성이 아주 높다. 통상 매수가 많으면 가격은 올라가야 하는데 외국인이 매수하는데도 가격이 떨어진다면 이것은 외국인이 가격을 누르면서 매집하고 있다는 의미가 된다. 그래서 나는 외국인들이 관심을 보이며 장기간 매집하는 기업들을 골라서 분석한 후 알짜기업이면 외국인과 함께 주식을 매수한다.

　외국인이 가격을 누르면서 매집하는 시기는 사람들이 관심이 없을 때나 경제위기, 해당 기업에 악재가 있을 때다. 경제위기가 온다는 뉴스와 소문이 무성하면 대중들은 두려움에 떨게 되어 주식을 싼 가격에 매도하는데 외국인들은 겁에 질린 개인들의 주식을 아주 저렴한 가격에 매집해놓는다.

롯데그룹 비자금 사건이 터져서 검찰의 대규모 수사가 이뤄지고 언론에서는 롯데그룹이 망하기라도 할 것처럼 말하며 주가가 폭락을 할 때도 외국인은 롯데칠성과 롯데푸드를 소리소문 없이 매집하고 있었다.

외국인들은 매집을 하다가 가격이 오르면, 가격을 폭락시키기 위해 일부 매도한 후 다시 매집하기도 한다. 동서는 2015년 6~8월에 외국인의 대규모 매집이 시작된 후 3개월 만에 주가가 3만 원에서 4만 7000원으로 올라섰다. 이렇게 주가가 급등해버리면 외국인 또한 매수단가가 올라가기 때문에 수익률이 떨어져서 좋을 것이 없다. 그래서 외국인들은 일부 주식을 매도하고 가격을 3만 원 이하로 떨어뜨린 다음 다시 매집을 시작했다. 개인들은 주가가 급등하자 4만 원을 돌파하는 시점에 막차를 탔고 한 달 정도 최고점을 찍는 맛을 보는 사이 갑자기 주가가 떨어져 손절매를 해야 했다. 외국인들이 의도한 대로 된 것이다.

외국인이 매도를 하면서 가격을 올리는 방법에 대해 궁금해하는 사람들이 많다. 의외로 그 방법은 간단하다.

다음 페이지의 표는 포털사이트 네이버 증권에서 검색한 동서의 투자정보다. 2016년 4월 21일, 동서의 주가는 3만 3200원인데 이것은 매도자와 매수자가 3만 3200원에 계약을 체결할 수 있다는 것

동서	026960 코스닥	2016.04.21 기준(장마감)	실시간	기업개요▾

매매내역을 입력하면 해당종목의 투자성과를 확인할 수 있습니다. 적설하기

33,200
전일대비▲450 +1.37%

전일	32,750	고가	33,300 (상한가 42,550)	거래량	84,086
시가	32,700	저가	32,350 (하한가 22,950)	거래대금	2,775 백만

종합정보 | 시세 | 차트 | 투자자별 매매동향 | 뉴스공시 | 종목분석 | 종목토론실 | 전자공시

주요시세

현재가	33,200	매도호가	33,200
전일대비	▲450	매수호가	32,950
등락률(%)	+1.37%	전일가	32,750
거래량	84,086	시가	32,700
거래대금(천)	2,775,023	고가	33,300
액면가	500원	저가	32,350
상한가	42,550	전일상한	43,000
하한가	22,950	전일하한	23,200
PER	27.21	EPS	1,220
52주 최고	47,900	52주 최저	27,700
시가총액	33,100억원	상장주식수	99,700,000
외국인현재	11,165천주	자본금	49,850백만

호가 (20분 지연) · 5단계 · 10단계

매도잔량	매도호가	매수호가	매수잔량
1,318	33,400		
468	33,350		
1,495	33,300		
1,246	33,250		
892	33,200		
		32,950	710
		32,900	155
		32,850	57
		32,800	364
		32,750	223
12,060	잔량합계		9,640

이다. 한편 우측 하단에 보이는 '호가'는 팔거나 사려는 주식의 가격을 말한다. 매도인이 부르는 가격을 매도호가, 매수인이 부르는 가격을 매수호가라고 한다.

　돈이 있다면 주가를 올리는 것은 간단하다. 매도호가로 나온 물량을 모두 사버리면 가격이 올라간다. 3만 3200원의 가격을 3만 3400원으로 올리는 데는 1억 8000만 원 정도의 자금이 있으면 되는 것이다(각각의 매도잔량×매도호가를 모두 더한 금액). 자금력만 있다면 가격을 하루에 10~20퍼센트 올리는 것 정도는 큰 어려움이 없는 셈이다.

가격이 올라도 비싸게 샀으니 이익이 없을 것 같지만 가격 심리를 이용하면 이익을 얻을 수 있다. 사람들은 가격이 왜 오르는지 모를 뿐 아니라 10~20퍼센트 오르고 나서 한 달만 지나면 그 가격이 적정 가격이라고 생각하게 된다. 수십억 원의 자금으로 가격을 올려놓은 후 매수하려는 개미들이 붙으면 보유하고 있던 수백억 원어치의 주식을 팔고 나간다.

결국 주가는 실질이 아닌 허상인 경우가 많다. 물론 시간이 지나면 그것이 다 드러나게 되어 있지만 단기적으로는 속고 속이는 게임이 난무해서 인내심이 약한 사람은 돈을 잃기 쉽다. 이런 가격 심리를 잘 이용하는 것이 외국인이다. 외국인이 매수하면 가격이 오르고 외국인이 매도하면 가격이 떨어진다는 말은 사실일지는 모르지만, '진실'은 아닐 가능성이 높다. 실제 외국인이 매수해서 가격이 오르고 매도해서 가격이 떨어진다면 도대체 외국인은 어떻게 돈을 번다는 말인가? 외국인이 돈을 벌고 있는 현실을 안다면 이 말의 숨은 뜻을 제대로 알아야 하는 것이다.

외국인의 매집
마무리 시점부터
올라간다

　　　　　　　다음 페이지의 표는 포털사이트 네이버에서 특
정 회사명으로 검색하면 볼 수 있는 해당 회사의 투자자별 매매동
향이다. 여기에는 일자별로 볼 수 있는 외국인·기관 순매매 거래량
표가 나온다. 그러나 나에게 필요한 것은 '월별'로 정리한 외국인 매
매동향이다. 그래서 나는 일자별로 나온 해당 표를 복사해 엑셀에
붙여넣기를 한 다음, 한 달 단위로 합산해서 나만의 월별 외국인 매
매동향표를 만들어서 사용한다. 엑셀 프로그램을 이용해서 간단히
복사와 붙이기, 더하기 수식만 넣으면 누구나 활용할 수 있는 서식
이다. 좀 더 시간을 절약하고자 한다면 증권회사 직원에게 요청해
서 얻어도 좋다.

　이 간단한 월별 외국인 매매동향표는 아주 정확한 흐름을 보여주

거래원정보 (20분 지연)

매도상위	거래량	매수상위	거래량
키움증권	630	하나금융투자	2,415
삼성	580	골드만	715
대우	572	삼성	312
NH투자증권	443	NH투자증권	299
미래에셋	405	모건스탠리	255
외국계추정합	274 1,073		1,347

※ 당일 종목별 매매상위 5개 회원사 정보를 이용한 추정치임

외국인 · 기관 순매매 거래량

날짜	종가	전일비	등락률	거래량	기관 순매매량	외국인 순매매량	외국인 보유주수	외국인 보유율
2016.04.21	2,029,000	▲ 61,000	+3.10%	6,383	+3,693	-518	198,632	16.05%
2016.04.20	1,968,000	▲ 38,000	+1.97%	6,693	+1,662	+714	199,150	16.10%
2016.04.19	1,930,000	▲ 19,000	+0.99%	2,024	+760	-565	198,436	16.04%
2016.04.18	1,911,000	▲ 33,000	+1.76%	3,916	0	+462	198,156	16.02%
2016.04.15	1,878,000	▲ 7,000	+0.37%	3,440	-1,974	+915	197,694	15.98%
2016.04.14	1,871,000	▼ 25,000	-1.32%	3,577	-881	-118	196,779	15.91%
2016.04.12	1,896,000	▼ 21,000	-1.10%	2,622	-175	+68	196,897	15.91%
2016.04.11	1,917,000	▼ 48,000	-2.44%	2,851	+461	-580	196,729	15.90%
2016.04.08	1,965,000	▲ 12,000	+0.61%	6,330	-512	+2,201	197,109	15.93%
2016.04.07	1,953,000	▲ 39,000	+2.04%	6,455	-1,390	+3,030	194,908	15.75%

기 때문에 투자를 위한 분석에 중요한 지표가 된다. 매매동향표를 만드는 것은 정말 간단하다. 나는 큰딸 예림이가 초등학교 3학년이 었을 때 아르바이트로 시킨 적도 있다. 한 회사당 1000원씩 주기로 하고 외국인 매매현황표를 업데이트하라고 한 것이다. 큰딸은 1시 간 만에 15개 회사의 매매현황표를 훌륭하게 만들어냈다. 초등학생 도 할 수 있는 작업일 정도로 쉬운 것이다. 주식투자를 시작한 사람 이라면 누구라도 할 수 있다.

신문에서 보면 '외국인이 팔 때 팔고, 외국인이 살 때 사라'라고 한다. 그런데도 사람들이 외국인처럼 돈을 벌지 못하는 이유가 있다. 외국인과 함께 가야 하는데 뒷북을 치니까 손해를 보는 것이다. 외국인이 이미 다 매집을 완료한 뒤 팔고 나가는 시점에 사기 시작하기 때문에 외국인처럼 돈을 벌지 못하는 것이다.

보통 개인투자자들이 주식시장에 대거 몰리면 주가가 꼭대기에 있는 경우가 많다. 이 말은 외국인들이 개인투자자들에게 주식을 비싼 가격에 팔고 나간다는 것을 반증한다. 외국인들은 가치 있는 기업의 주식을 장기간 매집하고 적절한 타이밍에 가격을 올리면서 개인투자자들을 유혹한다. 그리고 주가가 오르기 시작해야 투자를 하기 시작하는 개인들은 외국인들이 던져 놓은 미끼를 덥석 문다. 그러나 개인들의 입질이 시작되면 외국인들은 가격을 마구 올리면서 자신들이 장기간 매집해놓았던 주식을 개인투자자들에게 비싼 가격에 팔고 주식시장을 유유히 떠난다.

6장

안전한 기업에 투자한다

10년간의
자본·매출·순이익의
추이를 본다

투자에 실패한 사람들의 이야기를 들어보면 대개 자신이 투자한 회사에 대해 잘 모른다. 심지어 자신이 투자한 회사의 이름도 정확히 기억하지 못하는 경우가 아주 많다. 특히 첨단기업들은 영어가 들어간 이름들을 쓰고 대체로 우리한테 생소한 기업들이어서 회사 이름도 어렵다. 그런데도 그런 기업에 투자하는 이유는 어디선가 성장성이 높다는 이야기를 들었기 때문이다.

그러나 기업의 성장을 예측하는 것은 아주 어려운 일이다. 또 성장성이 높으면 투자수익을 거둘 수 있다고 생각하지만 성장성이 높다고 꼭 주가가 올라가는 것은 아니다. 주가는 사람의 심리가 만들어낸 가격이다. 사람들의 기대치와 비교하여 그보다 높게 성장하면 가격이 올라가고 그보다 낮게 성장하면 가격이 떨어진다. 결국 주식투자에서는 기대치 대비 성장성이 높은 회사가 수익률이 좋은데, 어떤 회사들은 성장에 대한 기대치가 어느 정도인지 판단하기 어려워서 성장률이 낮아도 주가 상승을 가져올 수 있다. 그래서 투자에 더 중요하게 필요한 것은 사실 성장성보다 안정성이다.

성장성보다 안정성이 높은 회사를 고르기 위해 사업보고서를 볼 때는 한 해 연도만 보지 말고 10년 이상 분석한 자료를 보는 것이 훨씬 좋다. 1~2년 좋은 실적을 내는 것은 일시적으로 가능하지만 10년 이상 꾸준히 이익을 내는 것은 쉬운 일이 아니다. 또 1~2년 실적만 보고 앞으로도 그렇게 이익이 날 것이라고 예상하는 것은 어려운 일이지만 10년 이상 꾸준히 이익을 낸 회사는 앞으로도 그렇게 이익을 낼 가능성이 아주 높아진다.

사업 내용과 재무제표를 보는 것은 회사에 대한 믿음을 더 공고히 가지게 한다. 투자에서 가장 힘든 것이 앞으로 어떻게 될지 모르는 불확실성인데 꾸준하게 성장하는 회사들은 이런 불확실성을 해소시켜주는 믿음을 준다. 그러면 투자가 좀 더 쉬워진다.

나는 최소 10년간은 적자를 보지 않은 회사에 투자한다. 좀 더 안정적으로 투자하고 싶으면 적자를 보지 않은 기간을 20년, 30년으로 늘리면 된다. 내가 수익성이나 성장성보다 안정성을 더 중요하게 꼽는 이유는 망하지 않는 회사에 투자하기 위해서다. 그래서 나는 그 업종에서 최소 30년, 보통 50년 이상 영업을 지속해온 회사에만 투자한다. 아무리 좋은 회사 같아도 5년~10년 영업한 회사는 배제한다. 그 기간만으로는 안정성을 판단하는 데 위험이 있기 때문이다. 그러나 30년 이상 사업을 유지해왔다면 산전수전 다 겪은 기업으로 어떤 어려움도 극복할 역량이 있다고 본다.

투자에서는 가격과 가치를 알아야 하는데 미래 가격과 가치를 예측한다는 것은 거의 불가능한 일이다. 그런데 과거에 수십 년간 꾸준한 매출과 이익을 내왔던 회사는 앞으로도 그렇게 이익을 낼 가능성이 아주 높기 때문에 가치 예측이 가능하고 매월 적금에 들듯이 주식을 사서 가지고 있으면 연간 10퍼센트 수익률은 얻을 수 있다. 만일 그 회사와 전혀 상관없는 시장요인 때문에 가격이 폭락이라도 한다면, 오히려 더 싸게 살 수 있으므로 수익률은 좀 더 늘어날 수 있다. 중요한 것은 주가가 어떻게 되더라도 회사를 믿고 함께 가는 것이다. 그러면 10년~20년 후에는 분명히 2~3배가 되어 있을 것이다.

연 10퍼센트 수익률
이상은
욕심이다

내가 주식투자를 시작하려는 사람한테 묻는 가장 중요한 것은 '목표'다. 인생을 사는 데도 인생의 목표가 있고 공부를 하는 데도 공부의 목표가 있다. 운동이든 여행이든 모든 것에는 목표와 목적이 있기 마련이며 이는 주식투자도 예외가 없다. 목표가 있어야 주식투자에서 보람이 있고 행복이 있다.

주식투자를 하는 이유가 무엇인가? 물론 투자의 목표는 돈을 벌기 위한 것이다. 그러면 얼마나 벌고 싶은가? 사람들은 투자에 대한 목표, 즉 목표수익률을 물어보면 거의 대부분 그냥 많을수록 좋다고 한다. 그러나 목표수익률에 대한 개념을 분명하게 세우지 않고 그냥 무작정 높은 수익률이라고 한다면 투자를 하는 과정에서 어려움이 있을 수밖에 없다. 그만큼 심리적 동요가 많이 일어난다.

부자의 정의는 사람마다 다르지만 내가 생각하는 부자의 정의는 '돈을 모을 필요성을 느끼지 못하는 사람'이다. 만약 100억을 가지고 있어도 재벌과 비교하면 항상 부족함을 느끼며 돈에 집착할 것이다. 하지만 단돈 1000만 원을 가지고도 자신보다 가난한 사람을 생각하고 도우면서 행복하다면 그는 부자일 것이다. 그러므로 목표수익률은 행복한 투자자의 길을 가는 데 필수적으로 세워야 하는 개념이다.

가령 2015년의 '동서'의 주가와 수익률을 살펴보자. 2014년 12월 31일의 주가는 2만 2600원이었고, 2015년 말의 주가는 3만 1450원이었다. 연간 40퍼센트 가까이 오른 엄청난 수익률이기 때문에 동서 주식을 산 투자자라면 행복해야 한다. 그런데 문제는 그 사이에 있다.

사실 동서의 주가는 2015년 8월에 폭발적으로 상승해 4만 7000원까지 올랐었다. 만일 8월의 주가 폭등 없이 2만 2600원에서 3만 1450원으로 꾸준히 올랐다면 행복했겠지만, 2만 2600원에서 4만 7000원을 찍은 뒤 3만 1450원으로 떨어졌기 때문에 불안해져버린 것이다. 2014년 말 2만 2600원이 정상적인 주가였고 2015년 정상적인 주가수익률대로라면 2015년 말 주가인 3만 1450원도 많이 오른 것이다. 여기서 내려간다고 해도 이상할 것이 전혀 없다. 그런데 사람들 마음에는 4만 7000원에서 3만 1450원으로 떨어진 것만 선명하게 남아 있으니 더 떨어질까 봐 전전긍긍하는 것이다.

회사가 매년 연간 10퍼센트에서 20퍼센트씩 꾸준히 성장한다는 것은 대단히 어려운 일이다. 내 생각에 좋은 기업도 20퍼센트 정도면 높은 성장률이고, 투자에서 개인이 10퍼센트 수익률을 올린다면 대단한 것이라고 생각한다. 그 이상의 수익을 생각한다면 그것은 욕심이며 자신의 능력 이상으로 운이 좋아 달성한 수익률이다. 그 수익률 이상으로 수익을 얻으려고 할 때 문제가 꼭 발생한다.

자신의 목표수익률을 세우고, 주가보다는 해당 회사가 10퍼센트의 이익을 내고 있는지 보는 것이 좋다. 회사의 가치 대비 이익이 10퍼센트 났는지, 또 재산이 매년 그 수익률만큼 증가하는지를 체크하는 것이 심리적인 안정감을 갖는 데 좋고 장기적인 투자에 맞다. 그 이상 주가가 오르거나 떨어지는 것은 시장이 만들어놓은 비이성적인 것이기 때문에 신경을 쓸 이유가 없는 것이다.

중요한 것은 기업들을 보는 안목이 낮은 아마추어가 프로들이 많은 주식시장에서 어떻게 자기 돈을 지키고 수익을 낼 수 있는가인데, 이것은 생각보다 어렵지 않다. 목표수익을 현실적인 수익으로 한정시키고 프로들, 특히 외국인들이 어떻게 하는지 따라 하기만 하면 된다. 그러면 연 10퍼센트 수익은 얻을 수 있다.

목표수익을 연 10퍼센트 정도의 현실적인 수익으로 설정하고 욕심을 절제할 수만 있다면, 투자 대상 종목을 선정하는 데도 큰 어려움이 없어진다. 무리해서 성장성 좋은 회사를 찾아다닐 필요도 없다. 또 외국인들을 따라 할 때, 그들이 왜 그 가격에 그 종목을 매수하는지 장기적인 흐름만 본다면 그들의 패를 읽으면서 투자할 수 있다.

개인은 외국인보다 정보와 돈은 적지만 발이 빠르다는 장점도 있다. 욕심을 줄이고 프로들의 움직임을 읽을 수 있다면 한 달에 4시간 투자로 연 10퍼센트 수익을 내는 것은 전혀 어려운 일이 아니다. 오히려 가장 어려운 것은 자신의 마음을 다스리지 못하는 것이다.

사람들마다 투자로 얼마나 수익률을 올리고 싶어 하는가는 다르지만, 1년에 10퍼센트 정도면 나는 아주 적정하다고 생각한다. 은행이자와 비교한다면 5배 이상 되는 높은 수익률이다. 전설적인 투자자 워런 버핏의 연평균 수익률이 20퍼센트 정도에 불과하다는 것을 생각한다면, 아마추어가 한 달 4시간으로 연 10퍼센트 수익을 얻는 것이 결코 적은 수익이 아니다.

식음료
업종은
안정적이다

주식투자의 방식은 크게 두 가지로 이야기할 수 있다. 하나는 미래 성장성이 뛰어난 회사를 지금 투자해놓는 것이고, 다른 하나는 미래 안정성이 뛰어난 회사의 주가가 터무니없이 쌀 때 투자해놓는 방식이다. 둘 다 좋은 방법이기는 하지만 개인투자자들에게 맞는 방법은 후자다. 왜냐하면 미래 성장성이 높은 회사에 투자하려면 미래를 예측해야 하는 통찰력이 있어야 하는데 이것은 개인투자자에게 쉬운 일이 아니다. 반면 미래 안정성이 뛰어난 종목은 미래를 예측할 필요가 없다. 단지 주가가 터무니없이 쌀 때를 기다렸다가 매수해두기만 하면 된다.

내가 투자한 회사들을 보면 공통점을 금방 알 수 있는데 대부분 식음료 업종이라는 것이다. 나는 코스피와 코스닥 회사 중에서도 역사가 50년 이상 되고 시장 독점력이 있으며 적자를 절대 보지 않는 식음료 회사만 고르고 골라서 투자한다. 이런 회사는 온갖 위기를 이겨낸 경험을 가지고 있어서 어지간한 위험에는 흔들리지 않는다.

나는 또한 사업 자체가 이해하기 쉬워야 한다는 전제조건도 넣는데, 그런 점에서 봐도 식음료 사업이 좋다. IT나 자동차 등은 좋은 물건이 나오면 사람들이 쉽게 바꾸지만 우리의 입맛은 아무리 신제품이 나오고 경쟁자가 나와도 쉽게 바꾸지 못한다. 즉, 맥심 커피믹스를 먹는 사람은 계속 그것만 먹고 빙그레 요플레를 먹는 사람은 요플레를 습관적으로 집어든다. 식습관은 고민의 대상이 아니라 습관인 경우가 많기 때문이다.

식음료 업종은 지루할 만큼 사업의 기복이 없는데 그것은 식음료 업종이 안정적이라는 것을 반증한다. 그러니 사업에 대한 예측을 할 필요가 거의 없다. 그러나 이런 안정적인 사업을 하는 회사라도 주가는 이유 없이 떨어지곤 한다. 그럴 때 주식을 사두면 돈은 회사가 알아서 벌어다 주는 것이다. 내게 남은 임무는 주가가 실적을 반영해줄 때까지 기다리는 것뿐이다.

개인투자자들이 가장 많이 물어보는 것 중 하나는 '어떤 종목에 투자할 것인가'다. 내 개인적인 생각에 개인투자자들이 투자할 종목은 제한을 두어야 한다고 생각한다. 거듭 얘기하건대, 미래 성장 산업이나 앞으로 대박을 터뜨릴 회사를 찾아다니는 것은 개인투자자들에게 시간적으로나 지식 면에서 불리하다. 개인투자자들이 이해할 수 있을 정도의 쉬운 회사면서도 미래 성장성을 예측하지 않아도 되는 회사가 개인투자자들에게 적합한 종목인데, 그런 회사는 상장사와 코스닥 등록회사를 통틀어도 그렇게 많지 않다.

나 또한 주식투자에 절대 올인하지 않는다. 한 달에 4시간 정도만 투자해서 연 20퍼센트 수익을 얻고 있는데, 나는 이런 나의 투자에 만족한다. 나보다도 경험이 적고 한 달 4시간을 내는 것도 빠듯한 개인투자자들이라면, 연 수익률 10퍼센트 정도의 목표를 생각하고 종목은 15개 내외에서 정하는 것이 안전하다. 15개 종목은 매년 10퍼센트 이상 수익을 안정적으로 내는 기업으로 정한다. 주가가 그 실적을 따라간다면 최소 10퍼센트 수익은 보장받을 수 있는 것이다. 이렇게 어떤 종목에 투자할지 찾아다닐 시간에 종목을 정해놓고 그 종목의 주가가 이유 없이 떨어질 때 매입해서 정상 가격을 찾아가면 매도하는 것이 현실적인 투자방식이다.

나는 관심대상 종목에 10~15개 정도의 회사를 올려놓고 외국인 매매현황과 사업보고서를 꾸준히 읽어나간다. 동서, 농심, 빙그레, 롯데푸드, 롯데칠성, 롯데제과, 오뚜기, 오리온, 매일유업, CJ제일제당, 대상 등이 내 관심 대상에 올라 있는 회사들이다. 이 회사들은 앞에서 말한 조건을 충족하기 때문에 언제 투자해도 무방한 회사들이지만 회사 가치에 비해 조금 더 주가가 싼 회사를 고르기 위해 비교대상에 올려놓는다.

수익성과 배당률, 독점력 등을 종합해보면 단연 동서가 좋다. 현재 가치에 비해 주가도 비싸지 않다. 그래서 동서는 내가 다른 회사를 판단하는 기준이 되는 회사이기도 하다. 많은 종목에 투자하기보다는 동서를 기준으로 그보다 더 안정적이고 또 주가가 싼 기업 중에서 외국인 매집현황이 좋은 회사를 고르는 것이다.

롯데그룹 3인방의 경우, 과거에는 롯데칠성을 보유했었고 지금은 롯데푸드를 가지고 있다. 3개 회사는 비슷한 수익을 내지만 롯데푸드가 가치에 비해 비교적 가격이 싸다. 다만 롯데푸드는 1등 제품이 없다는 것이 단점이다.

오뚜기는 배당이 낮은 것이 약간 걸리지만 마트에서 1등 제품이 가장 많을 정도로 시장점유율이 높아서 그런 약점을 만회하고도 남을 만큼 회사가 탄탄하다. 수년 전에 투자 시기를 놓쳐버려서 지금은 주가가 약간 비싼 편이지만 70만 원대 이하이면 동서에 버금가게 가격 매력이 있는 회사다.

오리온은 스낵계의 강자이고 회사 자체는 너무 탄탄하지만, 제품의 종류가 조금 많은 것이 흠이다. 제품 종류가 많은 것은 포트폴리오가 잘 되어 있어서 좋은 점도 있지만 시장분석을 하기에 어렵다는 단점도 있다. 매일유업도 좋은 회사인데 1등 제품이 없고 배당이 적다는 것이 약간 흠이다. CJ제일제당은 거대기업인데 사업의 종류가 너무 다양하다는 점이 나에게는 단점이다. 식품산업의 한계를 생물자원산업과 소재산업 등으로 보완하는 것이어서 사업적으로는 좋은 흐름이지만 소재산업 등에 대해 공부하기에는 시간이 너무 많

이 소요되기 때문이다. 대상은 청정원 브랜드가 강력하지만 실적에
대한 기복이 심하다는 단점이 있다. 매출과 이익 변동 폭이 너무 크
고 2000년대에 들어와서 네 번이나 손실을 기록했다.

　내가 좋아하는 회사들은 회사 자체가 탄탄하고 성장성이 좋은 회
사 중에서도 시장분석이 쉽고 비교대상 기업에 비해 저평가되어 있
는 곳들이다. 나는 그런 회사에 투자한다. 아마추어 투자자라는 한
계점을 인정하기 때문이다.

7장

주가가
급등락할 때
어떻게 해야 하는가?

주가가 떨어져도
팔지 않는다면
손해가 아니다

내 아내도 주식투자를 한다. 투자 규모는 차이가 있지만 투자 종목과 매입은 나와 똑같이 한다. 우리는 보통 밥을 먹으며 주식투자 얘기를 나눈다. 내가 아내에게 "오늘은 어떤 종목을 샀다"라고 하면, 아내는 그것을 듣고 "나도 그 종목 매수해줘"라고 말하곤 한다. 아내가 매수하는 종목은 모두 이런 식으로 매수한 것이니 나하고 똑같이 매수한 셈이다.

그러나 아내와 나의 수익률은 완전히 다르다. 동일 종목을 동일한 가격으로 샀는데 왜 수익률이 다를까? 그 이유는 위기가 왔을 때의 대응 차이 때문이다. 불안한 요소가 생기거나 주가가 많이 떨어지면 아내는 걱정하기 시작한다. 내가 참고 기다리면 된다고 말해도 조금 더 주가가 떨어지고 불안 요소가 생기면 아내는 내 말을 더 이상 듣지 않고 이리저리 고민하다가 결국 갖고 있던 주식을 팔아버린다.

우리는 매일 생각하지도 못했던 외부 환경요소에 불안해하면서 산다. 중국 지수가 급락하거나 미국, 일본, 유럽 등의 경제 불안정 등에 의해 주가가 갑작스럽게 폭락하는 경우가 매번 일어난다. 이 때 어떻게 해야 할까? 이런 나쁜 소식이 발생했을 때 최악의 행동은 당황하는 것이다. 외부 환경 때문에 주가가 폭락해도 결국 우수한 기업은 성공하고 열등한 기업은 실패할 것이며, 각각의 투자자들도 그에 합당한 보상을 받게 될 것이다.

외부 환경요소는 프로들도 예측하지 못하는 것들이며 이런 요소까지 공부하면서 투자하는 것은 개인투자자들에게 불가능한 방법이다. 통제가 불가능한 요소들 때문에 주가가 급락했는데 그때 투매를 하거나 안절부절 못하는 사람이라면 주식투자로 절대 행복해질 수 없다. 항상 어떤 이슈가 생길지 불안해하며 주식시장에 서 있으면 심리적으로나 경제적으로나 전혀 얻을 것이 없다.

한편, 전쟁 같은 상황이 발생하면 주식을 팔아야 할까? 세계에는 수많은 크고 작은 전쟁이 일어나고 특히 우리나라는 북한과 대응하고 있어서 항상 '북한 리스크'라는 변수가 일어난다. 전쟁 분위기가 조성되면 어김없이 주가가 급락하고 투자자들은 공포에 휩싸인다.

역사적으로 보면, 사회적 약자층이나 가진 게 없는 사람들은 세상이 한번 뒤집히기를 바라는 마음도 있다. 그러나 가진 자들은 전쟁으로 잃을 게 많기 때문에 누구보다 전쟁을 원하지 않는다. 한국에서 전쟁이 일어난다면 가장 손해를 볼 사람은 누구일까? 아마 가진 것이 많고 지켜야 할 것이 많은 김정은 위원장이 아닐까 싶다. 사람들은 김정은 때문에 전쟁이 일어날까 걱정하지만, 전쟁이 나면 결국 김정은이 가장 큰 피해자가 될 것이다. 북한이 한반도에서 전쟁을 일으키는 것이 어려운 이유가 여기에 있다.

그러나 내 예상과 달리 진짜 전쟁이 일어나면 주식시장이 폭락할까? 물론 그럴 수도 있다. 그런데 전쟁이 일어날 것을 걱정한다면 어디에 돈을 넣어두겠는가? 전쟁이 일어나서 우리나라가 망하기라도 한다면 은행이나 금고 따위도 아무런 소용이 없다. 국공채나 회사채도 무용지물이 되어버리고 부동산도 안전한 투자 대상이 아닐 것이다.

그러므로 전쟁 리스크 때문에 주식을 팔고 다른 투자 대상으로 간다는 것 자체가 의미 없는 일이다. 나는 오히려 전쟁을 생각하면 주식시장에 머물러 있는 편을 선택할 것이다. 전쟁이 일어나면 자금 조달을 위해 통화를 늘리게 될 것인데 인플레이션 때문에라도 현금을 보유하기보다 주식을 보유해야 한다. 인플레이션이 일어나면 돈 가치가 형편없이 떨어져버리기 때문에 현금을 가지고 있는 사람이 가장 피해를 입는다.

1차 세계대전 때 열심히 저축한 형의 돈 가치는 폭락하고 술만 마신 동생의 빈 병 값은 엄청 올라서 동생이 형보다 재산이 많아졌다는 독일의 한 형제 이야기는 인플레이션 상황 속 현금의 위험성을 잘 알려준다. 개인보다는 기업들이 전쟁에 대한 준비가 잘되어 있기 때문에 전쟁 후에 살아남는 쪽은 기업들이고 그러면 기업에 투자하는 주식을 갖고 있는 편이 훨씬 유리한 것이다.

불안 심리가
악수를
두게 한다

2016년은 연초부터 글로벌 금융시장이 삼재로 휘청거렸다. 그리스 유로존 탈퇴(그렉시트, Grexit) 우려와 영국의 유로존 탈퇴(브렉시트, Brexit), 국제 유가 40달러대로의 급락에 따른 디플레이션 우려가 한꺼번에 부각되면서 코스피 1900선이 무너지고 16개월 만에 가장 낮은 수준까지 떨어졌다.

이런 상황이 발생하면 언론은 또다시 금융위기가 올 것이라는 뉴스를 터트리고 투자자들은 불안과 공포 속으로 빠져들기 마련이다. 공포감이 극대화 되면 인내심이 적은 투자자들부터 시작해 대부분의 개인투자자들은 갖고 있던 주식이 더 떨어지기 전에 털어버린다. 역사적 사실이 말해주는 것은 이런 사람은 절대 투자로 돈을 벌지 못한다는 것이다.

나 또한 비슷한 실수를 한 적이 있었다. 나는 2014년에 캐나다를 여행하는 중에 동서의 시리얼 사태를 모바일 뉴스로 접했다. 10월 13일 금요일 저녁 뉴스에 시리얼 사태가 발표되었는데 이미 이날 주가는 7.01퍼센트 이상 빠져 있었다. 인터넷에서는 대대적으로 동서가 부도라도 날 것처럼 시리얼 사태를 건드렸고, 이미 외국인들이 이 사실을 알고 주식을 팔았다는 식의 글들이 쏟아졌다. 돌아오는 월요일에 주가 폭락이 확실하며 하한가를 칠 것이라는 예상이 지배적이었다.

나는 어지간한 뉴스에는 미동도 하지 않는 편이지만, 캐나다 여행 중에 이런 뉴스를 접하니 갈등이 생겼다. 내가 접할 수 있는 정보는 멀리 외국에서 인터넷으로 보는 정보뿐이었고 동서 주가에 일희일비하게 되면 여행에도 차질이 있을 것 같았다. 내가 동서 주식을 살 때와 비교하면 당시 주가는 이미 2배 이상 올라 있었을 때였다. 그런데 그때 꾸준히 외국인이 매집하고 있던 롯데푸드가 매력적인 가격까지 내려와 있었다. 나는 한국에 있는 내 증권 담당자에게 연락해서 동서 주식의 절반을 팔고 롯데푸드를 매수해달라고 요청했다.

당시 그 결정이 좋은 결정이었는지 나쁜 결정이었는지는 앞으로 시간이 더 흘러봐야 알겠지만, 지금 상황에서 본다면 그다지 좋은 결정이 아니었다. 사실 이런 뉴스는 장기적으로 큰 이슈가 아니다. 식음료 회사에서 세균 검출은 몇 년에 한 번 꼴로 꼭 일어나는 이슈다. 그런 일로 회사 문을 닫는 경우는 우리나라에서 거의 없었다. 시리얼 매출이 동서에서 차지하는 비중도 미미한 수준이라서 시리얼 판매 정지가 실적에 미치는 영향은 별로 없을 것이었다.

결국 수십 년 이상 산전수전 겪은 동서 같은 회사가 그 정도 이슈에 흔들리지는 않았다. 시리얼 사태와 관계없이 맥심 커피 시장점유율은 오히려 높아졌다. 회사에 정말 큰 문제가 생겼다면 프로들은 자신들의 주식가격이 폭락하는 것을 막기 위해 가격을 유지하면서 서서히 팔려고 할 것이다. 인터넷에서는 외국인이 대규모 매도를 했다고 보도했지만 나중에 보니 오히려 프로그램 매매로 순매수를 했다. 직접적으로 매도한 것은 거의 없었다.

나쁜 뉴스가 나온다면 그 뉴스의 진실을 제대로 파악해야 한다. 회사 가치에 큰 문제가 없는데 뉴스가 그 이상으로 과대포장을 하고 있고 가격이 급락한다면 그것은 팔 시기가 아니라 저가로 매수할 기회가 된다. 그 이후 나는 갈아탔던 동서 주식을 새로 구입하기 시작했지만 팔 당시 가격보다 이미 50퍼센트나 오른 가격으로 매수해야 했다.

손절매를
해야 할 때

투자를 하다 보면 매 시간마다 불안하게 만드는 환경이나 욕심을 부리게 하는 요소가 꼭 등장한다. 주가가 급등하면 자신이 투자 고수라도 된 것처럼 착각을 해서 욕심이 생기게 된다. 반대로, 주가가 급락하면 세상이 망할 것 같은 기분으로 투매를 하게 된다. 또 주가가 지지부진하면 인내심에 한계가 발동해서 급등종목을 찾아 나선다.

주가가 가만히 있어도, 급등해도, 급락해도 문제는 항상 발생하는 것이다. 이 중에서 개인들에게 심리적으로 가장 힘든 시기는 아마 급락하는 시기일 것이다. 생각하지도 못했던 요소들이 터지면서 주가가 급락하면 개인투자자들은 어떻게 해야 할지 모르고 안절부절하다가 헐값에 팔아버리는 악수를 두곤 한다. 이럴 때 어떻게 마음을 다잡을 수 있을까? 심리적으로 어떤 투자 원칙이 필요할까?

결론만 말한다면, 회사의 가치가 그대로인데 가격이 폭락했다면 오히려 사야 할 시기지 팔아야 할 시기가 아니다. 팔지 말아야 할 때는 결국 주가가 떨어졌을 때와 주가가 올랐을 때다. 즉, 주가만 보고 팔지 말지의 여부를 결정해서는 안 된다. 다니는 회사가 장사를 잘하고 있는데 회사가 망할 것 같다는 소문이 났다고 회사를 그만둘 수는 없는 것이다.

주식은 매도하기 전까지는 수익을 낸 것이 아니라는 말이 있다. 그래서 사람들은 매도하여 수익을 확정시키려는 성향이 있다. 그러나 반대로 말하면 주식을 매도하기 전까지는 손실이 난 것도 아니다. 즉 주가가 떨어졌다고 해도 매도하기 전까지는 손실이 아니라는 의미다. 그럼에도 주식을 매도하고자 한다면 사장이 회사를 팔아야 하는 것과 동일한 이유가 있을 때다. 사업을 하면서 사업을 그만둬야 할 시점이라면 회사의 펀더멘탈(fundamental, 경제기초)이 악화되었을 때다. 사장은 더 이상 회생할 능력이 없을 때 사업을 그만둬야 할지 고민한다. 또 지금 하는 사업보다 더 좋은 사업 기회가 있을 때 현재 사업을 갈아탄다.

주식도 마찬가지다. 나는 주식투자를 회사의 주주가 되어 주인이 되는 것으로 생각하고 다음의 두 가지 경우 외에는 매도하지 않는다. 첫째, 투자 결정에 실수가 있었거나 회사의 펀더멘탈이 악화되었을 때는 주식을 매도해야 할 것이다. 둘째, 주가가 회사 가치를 훨씬 웃돌고 있고, 이것을 팔고 다른 곳에 투자하면 더 나은 수익을 올릴 수 있을 때는 종목을 갈아탈 수 있을 것이다.

결국, 주식을 매도할 때는 가격만 보는 것이 아니라 가격과 회사 가치를 함께 봐야 한다. 처음 투자를 할 때 해야 할 일을 제대로 했다면 매도 시점은 영원히 오지 않을 수 있으며, 어떻게 보면 주식은 사고파는 것이 아니라 사기만 하는 것일 수 있다.

우리가 흔히 말하는 손절매라는 것은 가격이 떨어졌다고 파는 것이 아니라 가치가 떨어졌을 때 파는 것이다. 즉, 손절매는 가격 하락이 아니라 가치 하락의 경우에 하는 것이다. 가치는 그대로인데 가격만 하락했다면 팔 것이 아니라 가격 할인시기이므로 더 사야 하는 것이다. 가치를 보았을 때 매력적인 회사가 여러 개라면, 주가가 떨어졌을 때 조금 떨어진 주식을 팔아서 하락률이 더 큰 주식을 매수하는 것이다. 그러면 주식 하락장에서도 포트폴리오 조정이 될 수 있다.

그러므로 가격 변동이 심할 때일수록 가격을 보지 말고 가치를 보아야 한다. 회사 가치에 무슨 문제가 있는지 확인을 해봐야 하는 것이다. 금융위기는 언제나 있었고, 지금도 있으며, 앞으로도 있을 것이다. 우리가 기억해야 할 것은 금융위기가 언제 올 것인가를 예측하기보다는 금융위기가 왔을 때 항상 극복했다는 사실이다. 뉴스나 상황에 흔들리지 않고 자신의 철학을 가지고 투자하는 인내심 많은 투자자가 항상 승리한다. 지금 해야 할 일은 뉴스에 불안해하며 팔까 말까 고민하는 것이 아니라 오히려 현금을 확보하고, 실적

이 좋은 회사가 외부 공포로 인해 주가가 급락해 떨이로 주식시장
에 나오는 것을 기다리는 것이다.

주식은
엉덩이로
돈을 번다

　　　　　　과거에 동서는 수년간 거의 가격이 오르지 않았었다. 그리고 코리안리는 10년 가까이 제자리걸음을 하고 있는 종목이다. 주가만 보면 지루하지만 실제로 이런 종목만큼 확실한 것이 없다. 이익이 매년 꾸준히 발생하고 10년 전에 비해 순재산이 5배 이상 뛰었는데도 주가가 그대로라면 회사가 문제가 아니라 주가가 문제이기 때문이다. 게다가 가장 투자 잘하는 외국인이 저가로 매집하고 있다면 평생 함께 간다는 생각으로 가지고 있으면 된다. 회사 가치가 좋은데 주가가 안 오르고 있다면 저가 매수의 기회이며, 여기에 외국인 수급까지 좋다면 정말 매력적이다.

　　오뚜기의 경우 2005년 말에 11만 원이었는데 2010년까지 5년 이상 거의 오르지 않았다가 그 이후 오르기 시작해 2015년에는

100만 원을 넘어 140만 원까지 올랐었다. 5년 이상을 참고 기다리고 주가가 본격적으로 오르기 시작한 2011년부터 또 5년 이상을 갖고 기다려야만 이렇게 10배가 넘는 수익을 얻을 수 있는 것이다. 실적이 꾸준한데도 주가가 오르지 않는 동안 참지 못하고 팔아버리거나 또 주가가 오르기 시작한 2011년이나 2012년쯤 팔아버린 사람들은 이런 높은 이익을 얻을 자격이 되지 못했다. 메인 메뉴가 남아 있으므로 식탁을 지키고 참아야 하는데 음식이 늦다면서 기다리지 못하고 식탁을 떠나버린 사람들한테는 절대 수익이 돌아오지 않는 것이 주식시장이다. 실적을 보지 않고 주가만 보면서 투자하는 투자자들에게 주식시장이 주는 페널티 같은 것이다.

동서 주가를 보면 2014년 12월 31일에 2만 2600원으로 시작해서 2015년 8월 11일에는 4만 7900원까지 올랐다가 그 이후 하락하여 2015년 12월 31일에 3만 1150원으로 마감했다. 내 주변에 있는 사람들을 포함해서 일반 사람들은 주가가 4만 원을 돌파하는 시기에 매수하기 시작했고, 그렇게 투자한 사람들은 현재까지 20퍼센트 정도의 손실을 보고 있다.

나는 평균매입단가 1만 원에 매수하여 오랫동안 보유하고 있기 때문에 1년 동안의 수익률을 고스란히 얻을 수 있었는데, 2014년 12월 31일과 2015년 12월 31일의 주가를 비교해보면 1년 동안 37.8퍼센트 올랐다. 이처럼 약세장에서 동서가 보여준 수익률은 엄청나다.

하지만 개인투자자들은 이 수익률에 만족하지 못하고 더 높은 수익률을 찾는다. 즉, 2만 2600원에 매입했다가 4만 7900원에 팔고 다시 3만 원대에 매입하면 수익률이 더 높아지지 않겠냐는 것이다. 그러나 이것은 과거를 보기 때문에 가능한 것이지 미래에 적용한다는 것은 불가능한 일이다.

단타매매를 통해 시세차익을 얻는 것의 문제점은 앞으로 발생하지 않은 가격을 예측해야 한다는 것에서 시작한다. 즉 4만 7900원이 고점이라는 것을 알 수 있는 방법이 없다. 지나고 보면 4만 7900원에 매각했으면 최고의 수익을 얻었을 거라고 생각하지만, 발생하지 않은 상황에서는 4만 7900원에서 더 올라간다고 생각하고 보유하게 되는 사람이 대부분이며 그 가격에 팔 사람은 거의 없다.

그리고 사실 단타매매하는 사람은 4만 7900원이 아니라 3만 원대 초반에 이미 팔았을 가능성이 훨씬 높다. 2만 2600원에 매입했다면 3만 원대 초반만 되어도 고점이라고 생각하고 매각해버리는 것이다. 또 자신의 목표수익률을 10퍼센트로 했다면 그보다 훨씬 이전인 2만 5000원 정도에서 매각했을 가능성도 높다. 그리고 주가가 이렇게 급등하면 2만 5000원에 매각한 것을 후회하고 더 오를 것처럼 생각해서 4만 원이 훌쩍 넘은 시점에 다시 들어오게 된다.

개인투자자인 L도 그렇게 투자한다. 5퍼센트만 오르면 무조건 팔고, 떨어지면 다시 사는 식으로 하는데 이런 방법으로는 절대 큰 이익을 보지 못한다. 주가는 한번 오르면 급등하는 경우가 대부분인데 그 이익을 포기하고 5퍼센트에 만족해버리는 것이기 때문이다. 또 떨어지면 사는데 그 가격이 저점이 아닌 경우가 많고 더 떨어져서 10퍼센트 정도 손해를 보면 그때서야 손절매를 하기 때문에 벌어도 아주 적게 벌고 한번 잃으면 그동안 벌었던 것을 다 잃어버리는 과정을 반복한다. 더욱이 이런 투자방식은 가격이 고점인지 저점인지를 계속 예측해야 한다는 심리적인 부담감도 있다. 사람이 주가를 예측해서 한다는 것은 애당초부터 불가능한 것인데 스스로 어려운 투자를 하고 있는 것이다.

개인들은 주가가 바닥을 다지는 것을 견디는 힘이 없다. 주가가 요동을 치며 오르락내리락해야 투자에 흥미를 느끼고, 비쌀 때 샀다가 폭락했을 때 팔면서 손실을 맞게 된다. 그러나 어차피 다른 투자처가 없다면 지지부진할 때에도 그냥 가지고 있는 것이 돈을 버는 길이다. 내가 말하는 연 10퍼센트 수익이라는 것도 매년 꾸준히 10퍼센트씩 수익을 얻는 것이 아니다. 5년간 주가가 요지부동하다가 5년 째 되는 두세 달 사이에 50퍼센트가 올라서 연 10퍼센트 수익률을 달성하는 경우가 더 많다. 즉 5년을 투자해도 마지막 몇 개월을 참지 못하고 팔아버리면 수익을 얻지 못하는 것이다.

반대로 주식투자를 하자마자 몇 개월 안 되어 주가가 급등했다고 좋아하는 것도 금물이다. 회사 실적이 몇 개월 사이에 그렇게 늘어나기 어려운 일인데 주가가 급등했다면 과거에 오르지 못한 것이 한꺼번에 오른 것일 수도 있고 가격에 거품이 끼인 것일 수도 있기 때문이다. 후자라면 이후 주가가 폭락할 수도 있다. 주식은 머리가 아니라 엉덩이로 번다고 한다. 좋은 회사 주식을 오랫동안 가지고 있어야 연 10퍼센트 수익을 거둘 수 있는 것이다.

나는 적금보다 5배 이상 버는 주식투자를 시작했다

주가가
급등락할 때
외국인의 움직임을 본다

2015년 메르스에 대한 공포는 증시에도 큰 영향을 미쳤다. 메르스 여파로 소비와 여행, 관광이 줄 것이라는 불안감이 나오며 시장을 주도해왔던 화장품을 비롯해 호텔, 여행, 레저 등의 업종들의 주가가 일제히 떨어졌다. 백신주들은 상한가를 쳤다가 또 백신이 없다는 뉴스가 나오면 하한가로 떨어졌다. 이런 이슈들은 언제나 발생하는 것이다. 그럼 시장이 과도한 공포심으로 인해 하락할 경우 어떻게 해야 할까?

사람들은 주가가 떨어지면 "회계사님이 보유하고 있는 종목도 주가가 떨어지네요. 그 이유가 뭔가요?"라고 묻는다. 그럼 나는 대답한다. "그거야 나도 모르죠. 주가는 사람들이 떨어뜨리는 것인데 원래 사람들의 마음을 알기란 어려운 일이니까요." 사람들이 또 묻는다. "그러면 어떻게 해야 하나요?"

사실 이렇게 묻는 사람들은 대부분 주가가 떨어지면 두렵고, 주가가 올라도 고민이다. 주가가 떨어지면 계속 떨어질까 봐 더 떨어지기 전에 팔아야 하는 것 아닌가 걱정하고, 주가가 오르면 더 오르기 전에 사야 하는 것 아닌가 하고 고민한다. 물타기를 하기도 한다. J는 롯데푸드를 110만 원에 매수했는데 90만 원대로 떨어지자 평균매입단가를 낮추기 위해 물타기를 해야 하나 고민하고 있었다.

사람들은 주가가 폭락하면 전전긍긍하거나 물타기 등의 방법을 쓰지만 나는 회사 가치와 외국인 동향을 먼저 본다. 회사 가치가 그대로인데 주가가 떨어지면 저가 매수의 기회로 삼고, 회사 가치가 하락한 것이라면 계속 보유를 해야 할 만큼 가치가 있는지 체크한다. 보통 사람들은 주가를 보지만 나는 주가와 가치, 외국인 동향을 함께 보는 것이다. 주가만 보면 수익률밖에 얻는 정보가 없지만 가치와 외국인 동향을 함께 보면 주가가 움직이는 원인을 알 수 있기 때문이다.

사람들은 주가가 오르면 투자금이 많은 사람들을 부러워한다. 주가가 10퍼센트 올랐을 때 1000만 원 투자한 사람은 100만 원밖에 이익이 안 생기지만 10억 원을 투자한 사람은 1억 원의 이익이 생기고, 그보다 훨씬 투자 규모가 큰 외국인은 엄청난 이익을 얻을 것이다. 그러나 반대의 경우도 생각해보자. 주가가 10퍼센트 떨어지면 1000만 원 투자한 사람은 100만 원만 손해를 보지만 10억 원을 투자한 사람은 1억 원의 손실이 생기고 그보다 투자 규모가 큰 외국인은 엄청난 손실이 발생하는 것이다. 손실을 놓고 본다면 주가가 급등락할 때 더욱 고민을 하는 쪽은 개인투자자들보다 외국인이다.

주가가 떨어질 때 개인투자자들보다 훨씬 큰 손실을 얻을 외국인들은 어떻게 행동할까? 그리고 그 의미는 무엇일까? 주가가 떨어지는데 외국인이 매집을 하고 있다면 아마 이것은 외국인이 가격이 떨어진 틈을 타서 저가 매수를 하고 있다는 의미일 것이다. 오히려 외국인이 저가 매수를 위해서 가격을 떨어뜨렸을지도 모른다.

2016년 6월 롯데그룹 비자금 사건으로 검찰의 대대적인 수사가 이루어졌다. 내가 롯데푸드 주식을 매수하고 있는 것을 알고 있는 주변 사람들과 나를 따라서 주식을 매수했던 사람들이 걱정스런 눈빛으로 내게 어떻게 해야 하는지 물어보았다. 분명 이것은 롯데그룹에는 악재이고 주가가 떨어질 것이 확실해 보이는데 더 떨어지기 전에 팔아야 하는지, 가지고 있어야 하는지 걱정이 컸을 터다.

수사 소식이 전해지자마자 롯데푸드는 90만 원 초반대에서 3%대의 하락을 보이며 80만 원대 중반까지 밀렸다. 이런 악재는 일반 사람들은 예측하기 힘든 것이고 또 주가가 어떻게 될지는 수급에 따라 달라지는 것이므로 누구도 예측할 수 없는 것이다. 분명한 것은 악재가 터지면 팔고 호재가 있을 때 사는 방식으로는 절대 수익을 내기 어렵다는 것이다. 나는 이럴 때 외국인의 동향을 본다. 수급을 조절할 수 있는 외국인이 이런 뉴스를 어떻게 활용하는지 보는 것이다.

외국인이라면 개인들에 비해서 이런 악재를 분명 더 빨리 그리고 정확하게 알고 있었을 것인데 오히려 5월 말부터 계속 매집하고 있었다. 뉴스가 발표되고 주가는 폭락하는데 외국인은 매집량을 늘렸다. 비자금 사건으로 정말 롯데그룹이 망하기라도 한다면 외국인이 바보가 아닌 이상 매집을 하지는 않을 것이다. 외국인이 매집량을 늘리고 있다는 것은 이런 뉴스에 당황하며 헐값에 팔아버리는 개인들의 주식을 싸게 매집해가는 그림을 기대한다고 판단하는 것이 적절하다.

비자금 사건 등으로 회사가 망한다면 삼성이나 현대자동차, SK 등 우리나라 기업들은 하나도 존재하지 않았을 것이다. 대기업은 그냥 대기업이 된 것이 아니다. 이런 악재를 수없이 경험했고 또 관리하는 방법도 잘 알고 있다.

어느 누구도 주가는 예측하지 못하지만, 주가에 따라 대응하는 것은 할 수 있다. 투자는 미래를 예측하면서 하기보다는 어떠한 상황이 발생하더라도 그런 상황에 대응할 수 있는 것이어야 한다. 주가에 따라 수익이 결정되는 것이 아니라 주가의 움직임에 대응하는 것에 따라 수익이 결정되는 것이다. 회사에 별 영향도 없는 이슈로 주가가 떨어진다면 오히려 저가 매수 기회로 활용하면 된다.

사람들은 조금만 지나면 다 잊어버리고 모든 것이 원래대로 돌아온다. 지금 개인투자자들에게 필요한 것은 미래를 예측하고 공포가 주가에 어떻게 영향을 미칠지 분석하는 것이 아니다. 중요한 것은 인내심과 기다림이다. 외부 환경 때문에 주가가 급락했을 때 외국인들이 어떻게 하는지를 봐라. 외국인들이 급락하는 시점을 이용해서 매집량을 늘려가는 것을 어김없이 볼 수 있다. 개인들은 주가가 급락하면 불안해서 싸게 파는데 외국인들은 이 시점을 놓치지 않고 매수를 하고 있는 것이다.

8장

주식,
어떻게
매매할까?

시세대로
산다

투자를 하는 사람들은 '지금 투자하면 어떨까?' 라는 고민과 '언제 팔아야 하나?'라는 고민을 함께 한다. 그러나 어떤 전문가들도 이 점에 명확한 답변을 해줄 수는 없을 것이다.

주식에 전혀 관심 없던 우리 직원 K가 내가 동서에 대해 자주 말하는 걸 들으면서 동서에 투자할 마음이 생겼다고 했다. 그때 주가가 3만 원 정도였는데 며칠 전 다른 직원이 2만 8500원에 매수했다고 자신도 그 정도 가격에 매수하고 싶다고 했다. 수익률로 따지고 보면 5퍼센트 차이기 때문에 조금이라도 싸게 사고 싶은 마음이 들 것이다. 그래서인지 종종 시세표를 보면서 동서 주가가 얼마까지 오르고 떨어졌는지 체크하고 있었다. 나는 물었다

"얼마나 매수할 생각이야?"

"글쎄요……."

직원은 선뜻 대답을 꺼렸지만, 보수적인 성향인데다 직장생활을 시작한 지 얼마 안 되어 모은 돈이 많지 않고 월급에서 조금 아껴 투자한다고 볼 때 한 달에 10~20만 원 정도 될 것이다. 그럼 사실 2만 8500원에 매수하나 3만 원에 매수하나 차이는 몇천 원이다. 커피 한 잔값 정도를 싸게 사려고 시세표를 보면서 시간을 투자한다면 오히려 낭비이기 때문에 나는 이렇게 말했다.

"홈트레이딩 하지 말고 증권회사 직원에게 전화해서 매수 주문을 내는 게 좋아. 그래야 시세에 민감해지지 않고 본업에도 집중할 수 있어."

매수를 할 때 수수료를 아끼려고 홈트레이딩 시스템(HTS: Home Trading System)을 이용하는 사람이 많은데 나는 증권회사 직원을 이용하는 것이 더 낫다고 본다. 수수료가 조금 들어가지만 내 소중한 시간을 아낀다는 장점과 비교하면 수수료는 저렴한 편이다. HTS를 활용하면 계속 주가를 보면서 심리적인 불안감을 안고 투자해야 하지만, 그냥 현재 시세로 매수한다는 생각으로 증권회사 직원을 이용하면 실시간 주가에 민감하지 않게 된다.

시세표를 보면서 조금이라도 싸게 사려고 하는 습관은 더 나쁜 상황을 가져온다. 그 가격 밑으로 떨어질 때까지 매수를 못 하고, 운 좋게 가격이 더 떨어져서 매수를 해도 그다음부터는 또 투자를 하기가 어려워져버린다. 즉, 동서 주식을 2만 8500원에 샀던 직원은 한 번 10만 원을 넣었지만, 그다음 달 주가가 오른 상황에서는 추가 투자를 꺼리게 되는 것이다. 그러나 3만 원이든 3만 2000원이든 매월 '현재 시세'로 꾸준히 매수하는 사람은 시간이 흐를수록 투자 규모가 커지게 된다. 수익률은 조금 떨어질지 몰라도 투자규모가 10배면 투자수익도 더 많을 수밖에 없다.

보통 개인투자자들은 주식을 사려고 마음먹으면 최근 가장 저가였을 때의 가격을 보면서 그 가격에 사려고만 한다. 그러나 이러한 고민은 편안하고 행복한 투자를 방해한다. 가장 싸게 사려고만 하면 주가가 급상승하거나 급락할 때 감정은 소용돌이 속으로 빨려들 것처럼 긴박해진다.

일단 매수를 하려고 마음먹으면, 주가가 떨어지고 있는 시점에 사는 경우가 많다. 곧 반등할 것 같아 주가가 급락을 시작하는 시점에 매수하는 경우다. 그러나 경험적으로 보면 주가는 그렇게 한순간에 급락했다가 곧바로 반등하지 않는다. 칼이 땅에 꽂힐 때 부르르 떠는 것처럼 주가도 급락하면 바닥을 어느 정도 다지다가 반등하는 경우가 대부분이다. 그러니 주가가 급락하는 시점에 매수하지 말고 급락한 후 바닥을 다지는 시기를 보고 나서 매수하는 것이 더 싸게 매수할 수 있다. 보통 다지는 시기가 최소 한 달에서 수 개월은 걸리기 때문에 충분히 감정을 다스리고 나서 투자해도 늦지 않는다.

요컨대, 주식을 매수할 때 단돈 100원이라도 싸게 사려고 분 단위로 가격을 체크하면 주식투자가 괴로워진다. 계속 10분 전 가격과 1시간 전 가격이 생각나서 심리적인 압박감이 생긴다. 분할매수(많은 분량의 특정 종목 주식을 점진적으로 매수해나가는 것)를 하기로 마음먹었다면 주식은 그냥 마음 편하게 '현재 시세'로 사는 것이 낫다. 시세가 충분히 안전마진을 확보할 수 있을 정도로 내려와 있다면 분 단위나 일 단위로 바뀌는 주가는 무시하고 그냥 시세로 사도 된다. 대세에 아무 지장이 없다.

적금
넣듯이
매수한다

아내는 보통 일주일에 한두 번 시장을 본다. 일주일 생활비가 정해져 있으므로 이번 주에 먹을 식자재를 살펴보고 가격이 저렴하고 싱싱한 것으로 구입한다. 음식은 제철음식이 가장 좋고 제철 음식이 가격도 가장 저렴하므로 제철음식 위주로 시장을 본다. 그러나 아무리 가격이 싸다고 해도 몇 개월치를 사다놓아 썩게 만드는 일은 없다. 싸면 조금 여유 있게 사오고, 비싸지만 꼭 먹고 싶다면 조금만 사온다. 또 식자재 가격이 오르면 수량을 조금만 사고 가격이 내리면 좀 더 여유 있게 사온다. 시장을 보면서 다음 달 가격이 오르거나 내릴 것 같다고 불안해하며 대량으로 사놓지는 않는다. 그냥 다음 주 음식은 다음 주에 가서 사는 것이다.

투자도 이렇게 시장 보듯이 하면 마음이 편안하다. 가격이 내릴

까 봐 걱정하거나 가격이 오를까 봐 투매를 하지 않게 된다. 내가 가진 돈의 일부를 매월, 매주 얼마씩 주식시장에서 시장 보듯이 투자하는 것이다. 가격이 떨어지면 좀 더 많이 사고 가격이 오르면 수량을 줄이면 그만이다. 싸게 사려고 안달하지 말고 그냥 매월 얼마씩 꾸준히 사는 것이다. 이 단순한 방법이 주식투자의 수익을 높게 만드는 비결이다.

중요한 것은 이러한 자신만의 원칙을 만들고 그 원칙을 지키는 것이다. 투자의 기본은 싸게 사서 비싸게 파는 것이다. 그런데 이 가격이 싼지 비싼지 판단을 하지 못하는 게 일반투자자들의 현실이다. 가격이 떨어지면 더 떨어질 것 같고, 가격이 오르면 더 오를 것 같아서 주저하게 된다. 이때 적립식 투자가 그 불안감을 없애준다. 적립식 투자는 분할매수 방법으로 마트에서 시장 보듯이 투자를 하는 방법이다.

나는 갖고 있는 돈을 한꺼번에 투자하지 않고 몇 개월에 걸쳐서 분할매수한다. 분할매수의 장점은 투자한 회사에 대해 신중하게 된다는 데 있다. 한꺼번에 투자하고 나면 투자한 회사에 대해 공부를 덜하게 된다. 그런데 몇 개월에 걸쳐 나눠서 투자하면 투자할 때마다 회사를 공부하게 되므로 깊이 있는 공부가 된다. 또 분할매수하게 되면 감정적으로 매수하는 것을 방지할 수 있다. 보통 투자자들은 지금 사지 않으면 주가가 올라버릴 것 같은 걱정에 조금이라도 쌀 때 많이 사려고 한꺼번에 매수하곤 한다. 그러나 1층 밑에는 지하도 있는 법이다. 지금이 가장 주가가 싼 것 같지만 조금만 지나면 주가가 더 싸지는 시기는 반드시 온다. 투자는 한두 달 하는 것이 아니라 평생 하는 것이다. 주식을 싸게 매수할 시기는 언제든지 온다고 생각하고 너무 조급하게 투자하지 않는 것이 좋다.

문제는 이런 이론을 알고 있더라도 현금이 생기고 나면 감정적으로 매매를 해버린다는 데 있다. 평소에는 관심도 없던 종목인데 돈이 생기고 나면 투자해야 할 것 같아서 안달이 난다. 한꺼번에 사지 말고 분할매수하는 게 좋다는 걸 알고 있는데도 지금 사지 않으면 주가가 오를 것 같아서 한꺼번에 사버리는 것이다. 이것은 초보 투자자도 그렇지만 고수들도 흔히 하는 실수다. 그러나 투자에서는 아주 매력적인 종목이 발견되지 않으면 현금을 가지고 빈둥거리는 것이 더 낫다. 항상 주식시장의 기회는 주식을 매수한 사람에게 있는 것이 아니라 현금을 갖고 있는 사람에게 있다.

투자에 가장 좋은 시점은 비관주의가 팽배해 있을 때다. 사람들이 갖는 미래에 대한 기대치가 주가를 만드는 것이므로 비관주의가 팽배하다는 것은 미래에 대해 불안해하고 부정적으로 보고 있다는 의미다. 수요와 공급 원리에 따라 볼 때 이때가 주가가 가장 쌀 수밖에 없다. 그러나 알면서도 정말 힘든 것이 누가 봐도 폭락이라고 생각이 들 때 투자하는 것이다. 아무리 머리로 안다고 해도 가슴으로 알지 못하면 몸이 움직이지 않는 법이다.

일반 사람들에게 주식투자가 어려운 이유 중 하나는 매일매일 시시각각으로 주가가 변동하고 그것이 실시간으로 공표되기 때문이다. 주식은 시간, 분 단위로 계속 체크를 하며 변동성을 보기 때문에 주가에 감정적으로 움직이게 된다.

이것을 극복하는 방법 중 하나는 주식 매매 시기를 제한해놓는 것이다. 투자 시기에 대한 심리적인 걱정을 하지 않기 위해 나는 매매를 하는 일자를 수요일 오후로만 한정해두었다. 매매를 자주하지 못하도록 하는 나 스스로에 대한 조치다. 또 수요일 중에서도 오후 2시로 매매 시간을 한정하여 그 외 시간에는 절대 매매하지 않는다. 1주일에 딱 한 번만 매매 기회가 있다고 생각하고 그 외의 시간에는 매수하고 싶은 충동이 생겨도 기다리는 것이다.

또 수요일 오후 2시에 내가 원하는 가격이 아니면 나는 그냥 현금을 보유한다. 한 달에 많아 봐야 네 번밖에 매수할 기회가 없고 이마저도 내가 목표한 가격으로 내려오지 않으면 지나가기 때문에 한 달에 한두 번 정도 매수하게 되는 셈이다. 이렇게 매수 시기를 제한해 놓으면 감정적으로 휘둘릴 가능성이 현저히 줄어든다.

나는 또한 한 번에 매수할 금액과 한 달 동안 매수할 금액의 상한선도 정해놓는다. 투자할 자금이 1000만 원이고 5개월에 나눠서 투자하기로 마음먹었다면 매월 200만 원 이상은 투자하지 않도록 상한선을 두는 것이다. 아무리 매력적인 가격이라도 200을 투자했다면 더 이상 투자하지 않고 다음 달로 넘긴다. 그러면 다음 달에 더 매력적인 가격으로 내려가는 경우가 많다.

한꺼번에 매수하지 않고 운용자산을 수개월에 나눠서 매주 일정 금액을 매수하고, 매도할 때도 마찬가지로 수개월에 나눠서 매주 일정 금액을 매도한다. 나의 방법을 따라 해도 좋고 감정적인 투자를 하지 않도록 자신만의 원칙을 만들어도 된다. 중요한 것은 감정적인 투자보다 기계적이고 원칙적인 투자가 더 좋다는 것이다. 또 분할해서 매수하거나 매도하면 주식과 현금을 동시에 갖고 가기 때문에 주가가 오르면 주식에서 이익을 얻어서 편안하고 주가가 내려가면 현금으로 싸게 주식을 살 수 있어 행복하다.

9장

주식도 현금 관리가 생명이다

주가가 떨어져도
현금만 있다면
행복하다

나도 초보 투자자 시절에는 현금 관리와 주식 투자를 별개로 생각했지만 주식투자를 오래할수록 현금 관리가 얼마나 중요한지 절실히 알게 되었다.

내가 빙그레를 투자 종목에 편입시키고 꾸준히 매수하고 있을 때 빙그레의 주가는 8만 원을 훌쩍 넘어서 9만 원을 찍고 10만 원을 돌파할 기세였다. 당시 내 평균매입단가는 8만 7000원 정도였다. 그때 주변 사람들이 나를 따라 빙그레에 투자를 한다고 했고, 내가 빙그레를 사는 것을 보며 따라서 사려고 했다. 발 빠르게 움직여 주식을 산 사람들은 8만 5000원 정도에 매수했고, 조금 더 주가가 떨어졌을 때 매수하겠다고 한 사람들은 한두 달 더 기다렸더니 다행히 주가가 8만 원 이하로 내려갔다. 그들은 지체 없이 8만 원 언저리에서 주식을 매수했다.

　그들 대부분은 종자돈이 1000만 원 정도여서 500만 원은 빙그레를 매수했고 나머지 500만 원은 현금 관리 차원에서 남겨두었다고 했다. 이후 빙그레 주가가 7만 3000원까지 떨어졌고, 그들은 그 기회를 놓치지 않겠다고 나머지 500만 원으로 빙그레 주식을 모두 매수했다. 그들의 평균매입단가는 7만 7000원 정도. 나보다 더 싸게 매수했다고 안심하고 있었다.

　그런데 몇 달 후 빙그레 주가는 6만 4000원까지 떨어졌다. 7만 원대면 가장 최저점이라고 생각했는데 6만 원대로 내려갈 줄은 꿈에도 몰랐던 것이다. 현실에서는 1층 아래에 반지하도 있고 지하 셋방까지 있듯이 가장 최저점이라고 생각한 가격보다 더 떨어지는 일은 비일비재하게 발생한다.

　주가가 예상 밖으로 이렇게 떨어지자 나를 따라서 매수한 사람들은 두 부류로 나뉘었다. '지금 팔고 나중에 5만 원대로 떨어지면 그때 다시 사면 어떨까' 하고 생각하는 부류가 한쪽이었다. 나는 그러지 말라고 했다. 지금 파는 사람은 주가를 보고 투자하는 습관을 갖게 되는데 그러면 5만 원대로 떨어져도 더 떨어질 것을 염려해서 절대 사지 못할 가능성이 높다. 오히려 그들은 주가가 급격히 오르는 시점에 다시 들어오게 되는데 이때는 매수 타이밍을 잡기가 거의 불가능해진다. 주가는 오를 때 하루에도 5~10퍼센트씩 오르는 경우가 부지기수인데 주가를 보고 투자하면 오르는 것을 보고 사기 때문에 높은 가격에 살 수밖에 없게 된다.

나머지 한 부류는 빙그레 주가가 6만 4000원이면 지금 너무 싼 것 아니냐고 생각하며 매수하고 싶어 한 경우였다. 나는 이렇게 말했다. "정말 싸죠. 그래서 나는 다시 집중적으로 매수하기 시작했어요." 실제로 나는 6만 원대에 매수해서 평균매입단가를 7만 원대로 낮췄다. 그러나 그들은 사고 싶어도 사지를 못하고 있었다. 왜냐하면 당초 투자로 생각하고 있었던 1000만 원을 모두 다 투자해버려 현금이 없었던 것이다.

개인투자자들이 정말 싸다고 생각하는 시점에 투자를 못하는 이유는 이처럼 현금이 없어서다. 그들은 이미 싸다고 생각했던 7만 원 초반일 때 모든 투자금을 다 써버렸다. 개인투자자는 언제 투자를 해도 현금이 부족하다는 것을 느끼고 자신이 생각지 못한 가격이 오면 현금 부족으로 더 이상 투자를 못하게 된다.

이럴 때 빚을 내서 투자하고 싶은 유혹이 생긴다. 어떤 이들은 다른 데 쓰려고 했던 돈을 주식에 넣기도 한다. 하지만 빚으로 투자하는 것은 결과적으로 엄청난 재앙을 가져온다. 빚이라는 것은 갚아야 하는 기한이 있고, 다른 데 사용하려고 했던 돈은 목적이 정해져 있는데 그 기한 안에 주가가 더 떨어지기라도 하면 개인들은 손실을 감수하고 매도할 수밖에 없다. 장기투자를 할 수 없는 상황으로 몰리는 것이다.

하락장에서 현금이 있다면 참 행복한 고민을 할 것이다. 주가가 올라야 행복하다고 생각하는 사람은 주가가 떨어졌을 때 불행해지지만 주가가 올라도 행복하고 주가가 떨어져도 행복한 사람은 모든 상황에서 행복해질 수 있는 사람이다.

나는 적금보다 5배 이상 버는 주식투자를 시작했다

저축은
투자의
러닝메이트다

우리나라 경제 역사상 가장 큰 위기는 1998년 외환위기였다. 그러나 우리나라 주식 역사상 가장 큰 기회도 바로 1998년 외환위기였다. 연초 500포인트대였던 코스피 지수는 위기를 겪으며 200대로 떨어졌고 투자자들은 나라가 망할지도 모른다는 두려움에 주식을 던졌다. 그러나 주식으로 부자가 된 사람들은 이때 엄청난 부를 거머쥐었고, 이후에도 크고 작은 기회가 많이 있었다. 2001년 9.11테러, 2008년 글로벌 금융위기, 2011년 남유럽 재정위기 등 남들이 주식을 싸게 팔 때 사서 꾸준히 기다린 투자자들에게 투자는 정당한 보상을 해주었다.

성공한 투자자들은 남들이 공포와 탐욕에 휩쓸릴 때 기업의 가치를 보고 투자했다는 공통점이 있다. 그러나 주가가 떨어졌고 가격이 너무 싸다고 판단해도 투자할 돈이 없다면 아무 소용이 없다. 항상 현금을 일정 금액 보유하고 있어야 한다고 하지만, 실제 해보면 그것은 거의 불가능한 일이다. 투자에 입문한 이상 현금을 보유하고 있는 것은 좋은 기회를 놓치고 있는 것처럼 생각하여 갖고 있던 현금을 모두 투자해버리기 때문이다.

그러면 어떻게 할 것인가? 일반 개인투자자들에게 가장 좋은 방법은 본업에서 얻는 소득으로 계속적인 저축을 해가면서 투자를 하는 것이다. 처음 초기 투자금뿐 아니라 지속적인 투자금을 마련해가는 것이다.

투자는 저축과 반드시 함께 가야 한다. 과거 나는 투자금을 정해놓고 그 돈으로만 주식투자를 하겠다고 생각했다. 현금 관리의 중요성을 생각하며 투자를 하더라도, 내 기준에 싼 가격으로 주가가 떨어지면 남겨두었던 현금으로 주식을 사버리기 때문에 시간이 지나면 결국 나에게 남아 있는 현금이 없어졌다. 처음 생각했던 현금 보유액이 없어지니 그때부터는 주가가 떨어질 때 불안해지기 시작했다. 현금이 있으면 주가가 떨어지는 것이 기회지만, 현금이 없으면 주가가 떨어지는 것은 위기가 되었다. 이런 상황에 대비하려면 지속적인 현금 확보가 필요했고, 그 방법은 저축이었다. 일정 정도 계속해서 저축을 해나가야 투자를 위한 현금도 확보할 수 있다. 월급을 받는 사람들은 매월 은행에 적금을 넣듯이 CMA계좌에 저축을 함으로써 현금을 확보하는 것이다.

나는 적금보다 5배 이상 버는 주식투자를 시작했다

나는 매월 내 사업에서 벌어들이는 수입의 일정액을 다시 CMA 계좌로 이체해서 저축을 한다. 즉, 초기 자금만 가지고 투자를 하는 것이 아니라 계속 매월 불입액을 넣어서 현금을 모으는 것이다. 저축 없는 투자로는 주가가 떨어졌을 때 저가 매수의 기회를 놓칠 수밖에 없다. 매월 주식을 저축하듯이 사야 하는 이유다. 어찌 보면 전업투자자보다 본업을 하면서 투자를 부업으로 하는 투자자들이 마음 편하게 꾸준한 수익을 내기가 좋은 것이다.

꾸준한 수익을 내기 위한 또 한 가지 방법은 포트폴리오를 조정하는 방법이다. 나의 경우에는 현대해상이나 코리안리에서 상당한 수익이 났고 앞으로 이들 종목보다 수익률이 높을 것 같은 동서로 종목을 갈아탔다. 기존의 주식 중 미래 예상 수익률이 낮은 종목을 매각해서 수익률이 높을 것으로 예상되는 종목으로 옮겨서 투자하는 것이다. 이렇게 정기적으로 자신의 포트폴리오를 점검하여 재조정해주는 작업도 필요하다.

혹시 주가가 떨어져서 잠이 안 오는 개인투자자들이 있다면 자신이 보유하고 있는 주식을 과감히 절반 정도 처분해보라. 그러면 현금과 주식 비율이 5대 5가 되므로 심리적으로 안정감을 찾을 수 있다. 주가가 오르면 남은 50퍼센트에서 주가가 오르니 기분이 좋고, 주가가 내려가면 내리기 전에 판 50퍼센트가 있으니 기분이 좋다. 이것도 주가하락을 대비한 현금 관리다.

월급으로 1000~2000만 원을 저축해서 재테크를 해보려는 사람들에게 주가하락이나 나쁜 뉴스에 흔들리지 말고 믿을 만한 회사에 장기투자하는 것은 쉬운 일이 아니다. 소식하고 하루에 1시간씩 매일같이 운동하면 5년 후에 20킬로그램은 뺄 수 있다는 말은 쉽지만 실제로는 어려운 것이다. 이처럼 '장기투자하라'는 원칙은 너무나 맞는 말이지만 정말 실천하기 어렵다. 내가 투자클럽을 시작할 때 고민했던 사항도 이것이다. 아무리 교육을 시켜도 실천하지 않는다면 필요가 없고 또 이론적인 교육은 실전에서 별로 필요하지 않다는 것을 알고 있었다.

이런 상황에서 가장 자신을 다잡을 수 있는 것이 본업이다. 본업에서 계속해서 돈을 벌어 지속적이고 장기적으로 투자해가는 것이다. 내가 투자해온 시간보다 앞으로 투자할 시간이 더 길다면 가격이 폭락하는 것이 슬픈 일이 아니라 오히려 기회가 되는 것이다. 본업이란 월급쟁이한테는 직장이고 자영업이나 사업을 하는 사람들에겐 가게이고, 회사다. 이런 본업이 있다는 것은 계속적인 현금 흐름이 창출된다는 것이다.

본업이 없는 전업투자자들은 주식에서만 현금 흐름이 발생하기 때문에 주가가 폭락했을 때나 외부 상황이 좋지 않을 때 마음을 다잡아야 하고, 인내해야 하고, 손절매를 해야 할지 추가 매수를 해야 할지 고민해야 한다. 또 저가 매수의 기회가 올 때를 대비해서 충분한 현금도 쌓아두어야 하는데 현금이 늘어나면 상승 장에서 투자하고 싶은 욕망을 다스려야 한다.

그러나 본업이 있는 투자자는 이런 것이 상당 부분 해결된다. 본업을 통해 계속해서 현금을 저축하고, 저축한 돈을 투자를 위한 예비자금으로 생각한다면 주가가 떨어져도 크게 걱정을 하지 않아도 된다. 계속해서 추가 자금으로 싸게 투자를 해나가면 되기 때문이다. 투자는 부업이지만 본업처럼 평생 동행한다는 생각으로 주식에 저축할 수 있는 개인투자자들은 월급이나 사업 소득이 있는 사람들이다. 본업에 집중하면 주식시장의 외부 뉴스에 둔해져서 장기투자가 용이해지기도 한다. 내가 다른 투자자들과 달리 저가 매수를 할 수 있었던 것은 초기에 자본이 많아서가 아니다. 계속해서 본업을 통해 저축한 돈을 투자로 넣었기 때문인 것이다.

10장

불행한 투자자

VS

행복한 투자자

실제
나의
투자성적표

내가 투자하고 있는 회사들은 역사가 50년 이상 된 회사, 과거 10년간 손실을 절대 보지 않은 회사, 시장에서 독점적 지위를 갖고 있고 1등 업종인 회사라는 까다롭지만 단순한 조건을 충족한 곳들이다.

그중에서 2015년 1월 1일에 보유하고 있었던 주식은 동서, 롯데푸드, 현대해상, 코리안리였다. 그리고 2015년 4월부터 내 포트폴리오에 새로 빙그레를 추가해 꾸준히 매수했다. 물론 내가 지금 보유하고 있던 회사의 주식들은 팔지 않고 계속 그대로 가지고 있을 것이다. 매각해야 하는 나의 아주 까다로운 기준에 해당되지 않는 이상은 말이다.

2015년 이들 회사의 주가 변동을 비교하면 대부분 1년 동안

30~60퍼센트 가량 올랐다. 신문에서는 1년에 몇 배씩 오른 종목이 나오면서 사람들의 눈과 귀를 현혹시키지만 연간 10퍼센트 수익률을 목표로 하는 투자자에게 이 정도는 정말 높은 수익률이다. 빙그레는 2015년에 매수하기 시작하여 평균매입단가가 8만 원인데, 2015년 말에 6만 8500원까지 떨어졌고 2016년에는 5만 원대까지도 미끄러졌지만 나는 크게 걱정하지 않는다. 실적이 다소 하락하기는 했지만 회사 가치가 흔들릴 만큼 위험한 상황은 아니기 때문이다.

내가 가지고 있는 종목들은 대체로 고리타분한 주식들이다. 사람들이 내게 "어디에 투자하세요?"라고 물으면 나는 내가 투자하고 있는 주식을 모두 솔직히 이야기한다. 그러면 요즘 누가 커피믹스 먹냐, 롯데그룹 사태 때문에 회사가 위험하지 않느냐, 우유 재고가 많아서 빙그레 같은 회사는 별로 안 좋다 등등의 이야기가 많이 나온다. "보험회사는 금리가 낮아서 돈도 많이 벌지 못하는데 왜 현대해상에 투자하느냐? 코리안리라는 회사는 어느 나라 회사냐?" 등의 의심 어린 질문도 많이 해온다.

하지만 옆에서 내가 돈을 버는 것을 보면(보통 주가가 올라가는 시기다) 이런 의심을 갖다가도 나를 따라서 돈을 투자하기 시작한다. 그런데 연말에 가서 투자수익을 비교해보면 안타까운 점이 많다. 동서, 롯데푸드, 현대해상, 코리안리에 투자한 사람들은 이익이 조금 나자 중간에 모두 팔았고 빙그레에 투자한 사람들은 손실이 많아지자 팔아서 다른 종목으로 갈아타버린 것이다.

그냥 가만히 갖고 있으면 연간 10퍼센트 이상씩은 꾸준히 벌 수 있는 종목들인데 그 사이를 참지 못하고 이익이 나면 서둘러 팔고, 절대 가지고 있어서는 안 되는 종목은 손실이 나도 손절매에 머뭇거리면서 장기투자를 한다고 핑계를 댄다. 이것이 보통의 개인투자자들이 처한 투자 현실이다.

나는 주식을 파는 것보다 사는 것이 더 좋고 단타매매보다 장기투자가 훨씬 좋다. 단타매매를 하려면 매일 주가변동에 신경을 써야 하지만 장기투자를 하면 매일 주가변동에 신경 쓸 필요가 없다. 단지 내가 투자한 회사를 믿기만 하면 된다. 결과로만 봐도 단기매매를 한 것보다 오래 갖고 있는 것이 수익률이 좋다. 위에서 언급한 종목들도 보면, 오래 보유한 종목의 누적수익률이 훨씬 좋다.

사람들은 고리타분한 종목보다 인기 있는 종목을 좋아한다. 가격이 안 오르는 전통적인 주식보다 가격이 급상승하는 인기 주식을 더 좋아한다. 그러나 나는 안정적이고 변동성이 적은 전통적인 주식을 좋아한다. 인기 주식들은 매번 트렌드를 좇아야 하지만 전통적인 주식들은 변동성이 없어서 한 번 회사를 분석하고 나면 그다음에 할 일이 없다. 변동성이 적으므로 예측을 할 필요가 별로 없으니 미래도 불안하지 않다.

바이오나 철강, 반도체, 자동차 등의 시장을 분석한다는 것은 너무나 어려운 일이지만 커피믹스 시장을 분석하는 것은 상대적으로 시간이 안 걸리는 일이다. 자동차나 반도체 등의 시장은 올해와 내년이 다르고 예측도 어렵지만 커피믹스 시장은 올해나 내년이나 별 차이가 없이 꾸준히 성장한다. 내가 운영하는 회계컨설팅 회사가 망한다고 생각해본 적은 없지만 확률을 본다면 동서나 롯데푸드, 빙그레가 망할 확률은 우리 회사가 망할 확률보다 훨씬 적을 것이다. 그러니 그냥 믿고 매월 적금 드는 기분으로 사놓기만 하면 주가는 알아서 올라간다. 내 본업에 집중하면서 연 10퍼센트 수익률을 벌기에 이만 한 부업을 찾기 힘들고 앞으로도 그럴 것이다.

한 달
4시간으로
연 10퍼센트 벌기

나는 한 달에 4시간 정도만 투자에 시간을 쓴다. 내가 아는 종목으로만 한정해서 회사에 대한 분석을 하기 때문에 시간 투자를 적게 하는 것이다. 내가 투자한 종목들은 큰 기복이 없는 식음료 업종이고 한 번 분석하면 매일 또는 매달 분석할 필요도 없다. 1년에 한 번 나오는 회사의 사업보고서를 보는 정도이고 평소에 시장을 볼 때 그 회사 제품이 잘 팔리는지 보기만 하면 된다. 회사란 매일 또는 매달, 심지어 매년 봐도 크게 상황이 바뀌지 않기 때문에 분석에 많은 시간을 필요로 하지 않는다.

나는 일반인들에게 맞는 투자는 이렇게 자기 본업을 하면서 한 달에 4시간 정도 투자로 목표수익률을 10퍼센트 정도 얻는 편안한 투자라고 생각한다. 본업을 버리면서 엄청난 시간을 투자에 사용하는 것은 얻는 것보다 잃는 것이 더 많다. 또 개인투자자들에게 워런 버핏의 투자 방식을 가르치는 것은 하루 한 시간 연습하기도 어려운 주말 골퍼들에게 매일 몇 시간씩 연습하는 프로골퍼 선수들처럼 스윙을 하라고 가르치는 것과 마찬가지다. 개인투자자들이 외국인이나 기관들 같은 프로투자자처럼 기업을 분석하고 미래 성장성을 예측해서 투자한다는 것은 불가능한 일이다.

회계사 공부를 할 때 어떤 합격수기를 읽은 적이 있는데 나는 거기서 '목표점수를 70점으로 세웠다'는 구절이 눈에 들어왔다. 처음에는 그 말이 이해가 되지 않았다. 되도록이면 높은 점수를 받으려고 해야지 목표 점수를 왜 이렇게 낮게 잡았을까 생각했다. 그리고 얼마 있지 않아 나는 그 이유를 알게 되었다. 70점 이상만 받으면 합격할 수 있기 때문에 목표점수 70점만 달성하면 합격하는 데는 문제가 없다. 그러나 100점을 목표로 하는 것과 70점을 목표로 하는 것은 공부하는 분량에서 엄청난 차이가 난다. 2000페이지가 넘는 책 한 권을 보더라도 100점을 목표로 한다면 모든 내용을 다 파악하고 다른 책까지 더 봐도 부족함을 느끼게 된다. 그러나 70점을 목표로 한다면 공부할 분량이 5분의 1 정도로 줄어든다. 나 역시 그렇게 70점을 목표로 공부했고, 그 결과 세무공무원 생활을 하면서 저녁 3시간 정도 공부하는 것으로 여유 있게 회계사 시험에 합격했다.

나는 이런 경험을 투자에도 그대로 적용했다. 투자를 하는 사람들에게 연간 어느 정도 목표수익을 원하는지 물어보면 되도록 많이 내고 싶다는 답변이 대부분이다. 이런 사람들은 아무리 수익률이 좋아도 만족이라는 것을 경험하지 못하고 계속 좀 더 높은 수익을 찾게 된다. 또 본업과 부업이 전도되어 본업에 신경을 쓰지 못하고 투자에만 시간을 쏟게 된다. 무엇보다 높은 수익을 찾아 헤매다 보니 어려운 종목이나 경기에 민감한 종목까지 손을 뻗게 되고 결국 잘 모르는 곳에 투자했다가 손해를 보게 된다.

그러나 연간 10퍼센트 정도만 목표수익률로 정한다면 투자할 대상은 아주 적어지고 공부할 범위도 줄어든다. 은행 이자가 1퍼센트 대까지 떨어진 것을 감안하면 10퍼센트는 결코 적은 숫자가 아니다. 그러나 주식투자에서 원칙만 잘 지키면 10퍼센트 수익률은 별로 어렵지 않은 수익률이기도 하다. 개인투자자들이 연간 10퍼센트 이상 수익률을 기대한다면 이는 욕심이고, 한 달 4시간도 공부를 안하고 투자를 한다면 이것은 투자에 대한 예의가 아니다.

배당금으로
여행하기

누구나 하고 싶어 하지만 막상 하기 힘든 것이 여행이다. 당신의 여행 계획을 가로막는 것은 무엇인가? 첫째, 직장 상사 눈치. 둘째, 산더미같이 쌓인 일. 셋째, 넉넉하지 못한 주머니 사정 등. 여행을 못 가는 이유는 많을 것이다. 우리 가족은 15년째 매년 함께 해외여행을 하고 있다. 처음에는 아내와 나 둘이 갔지만, 아이가 한 명씩 생길 때마다 함께 가는 인원이 늘어났고 몇 년 전부터는 아내와 나, 그리고 막내를 포함하여 아이들 넷이 다같이 떠난다. 여행 기간도 한두 달로 길어졌다.

내가 이런 이야기를 하면 "회계사니까, 사장이니까, 돈이 많으니까 떠날 수 있는 것 아니냐?"라고 말하는 사람들이 많다. 그러나 회계사인데도 못 떠나는 사람이 있고, 돈이 많아도 더 많은 돈을 벌러 가야 하는 사람이 있다. 우리는 아이들이 학교를 한 달 빠지면서도 여행을 간다. 여행을 떠나기 1년 전부터 여행 적금을 들기도 했다. 그 적금이 만기되면 찾아서 여행을 떠나곤 했던 것이다. 여행하는 동안에는 일을 할 수 없기 때문에 그 전에 일도 끝내 놓아야 한다. 그래서 여행을 앞두고 나는 웬만해선 다른 일정을 잡지 않는다. 나에게 여행 준비 기간은 1년 동안 이루어지며 이런 준비를 통해 한 달 여행이 가능해지는 것이다.

사람들이 자주 묻는 것 중 하나가 "한 달 동안 여행을 가면 비용이 얼마나 나오냐?" 하는 것이다. 우리는 그래도 일반적인 직장인보다는 경제적 여유가 있어서 예산을 조금 넉넉하게 잡고 출발하기 때문에 경비가 많이 들어간다. 입장료가 비싸서 갈지 말지 고민하지 말고 음식 가격이 비싸서 먹을지 말지 고민하지 않았으면 하는 마음에서다.

기본적으로 외국 여행을 가려면 항공티켓을 끊어야 하는데 1인당 200만 원은 잡아야 하니까 6명이면 1200만 원 정도다. 한 달 동안 묵을 숙소를 잡아야 하는데 우리나라에서도 6인 가족이 콘도나 펜션을 빌리려면 하루 숙박료가 20만 원 정도는 된다. 외국도 나라별로 물가 차이는 있지만 평균 이 정도로 잡으면 한 달 600만 원 정도다. 또 6인승 이상의 차량을 한 달간 렌트해야 하는데 이것도 한국과 비슷하다. 하루 렌트비를 10만 원 정도 잡으면 한 달 300만 원 정도다.

또 한 달 먹고 여행하는 가격도 한국에서와 거의 비슷하다. 우리

가족의 경우 외국에서 하루에 한 번은 외식을 하고 좀 비싼 관광지를 가기 때문에 하루에 30만 원 정도로 잡아서 한 달 900만 원 정도로 책정한다. 항공료, 숙소, 차량, 식품과 관람 비용 등을 합하면 3000만 원 정도가 나온다. 거기에 선물 가격이나 예비비가 조금 들어가는데 이것은 사람마다 천차만별이다. 나는 꽤 넉넉하게 예산을 책정하고 가족 수도 많아서 그렇지만 4인 가족이 절약해서 쓴다면 이보다 훨씬 줄일 수도 있을 것이다.

어쨌거나 보통 월급쟁이들에게 3000만 원은 정말 큰돈이다. 나의 경우에는 투자하는 종목들이 대부분 배당률이 높은 종목들이라서 이제는 배당금만 가지고 여행을 갈 정도가 된다. 동서는 꾸준히 매년 20퍼센트 정도 성장을 하면서 배당도 연간 2~3퍼센트 정도를 한다. 배당을 이렇게 꾸준히 한다는 것은 은행 이자수익률의 2배 정도는 무조건 확보하고 들어간다는 것이다. 투자 목적으로 예금을 든다면 나는 예금을 당장 깨서 동서 주식에 적금을 들라고 말하고 싶다. 주가가 전혀 오르지 않는다고 해도, 배당만 가지고도 은행 이자의 2배를 버는 종목이니 말이다.

현금 유동성이 좋지 않고서는 은행 이자 이상의 배당을 꾸준히 할 수 없는데 동서가 10년 이상 배당을 꾸준히 하고 있다는 것은 그만큼 돈을 안정적으로 잘 번다는 것을 보여주는 지표다. 현대해상과 코리안리의 경우도 보유기간이 5년 정도 되었는데 사실 주가는 잘 오르지 않는다. 지루한 종목이라 주변에서 투자한 사람들은 이미

1년도 안 되어서 팔아버린 경우가 많다. 그럼에도 불구하고 내가 이와 같은 보험주에 투자하는 이유 중 하나는 배당이 높기 때문이다. 주가보다 확실한 현금 흐름을 주기 때문에 예금 대체용으로 가지고 있는 것이다.

종목선정 기준과
외국인 수급

1. 종목선정을 할 때 사용하는 나의 7가지 기준

⑴ 외국인이 1년 이상 꾸준히 매집한 종목이다. 외국인은 개인투자자들보다 훨씬 정보와 경험이 많다. 그런 그들이 최소 6개월 이상 매집한 데는 이유가 있다. 조금 안정적으로 투자하려면 1년 이상 매집한 종목을 고르면 된다.

⑵ 외국인이 꾸준히 매집했는데 지금 현재 주가가 외국인 매수 가격보다 낮다면 더욱 매력적이다. 외국인을 따라 하면서 외국인보다 더 유리한 가격으로 매수할 수 있기 때문이다.

⑶ 의식주를 벗어나지 마라. 특히 식음료 업종 등 내수주에 국한해서 투자하는 것이 더 안전하다. 그 이유는 미래 성장성을 예측하기가 훨씬 수월하기 때문이다. 해외 시장 진출이 더 좋기는 한 것 같지만 회사가 좋다고 꼭 투자에서 수익을 얻는 것은 아니다. 내수 시장에서 확실한 경쟁우위를 가지고 있으면 외국계 기업이 우리나라에 진출해도 경쟁력이 있다. 특히 우리나라 사람 입맛은 쉽게 변

할 수 없어서 미래에도 변동성이 아주 적다. 아무리 맛있는 피자가 있어도 주식을 밥에서 피자로 바꾸지는 않는다. 시장의 변동성이 적다는 것은 미래 예측 능력이 떨어지는 개인투자자들에게 편안한 투자를 하게 해준다.

④ 30년 이상 역사를 가지고 있는 회사를 골라라. 30년 이상 역사를 가지고 사업을 유지해왔다는 것은 산전수전 다 겪은 회사이고 웬만한 위기에도 대응 능력이 뛰어나다는 의미다. 또 최소 10년간 적자가 없어야 한다. 적자 없이 사업을 한다는 것은 이익을 내는 방법을 안다는 것이다.

⑤ 시장점유율 50퍼센트 이상인 제품이 꼭 있어야 한다. 시장점유율이 높다는 것은 독점력이 있다는 것으로 가장 중요한 지표 중 하나다. 한편 품목이 많은 것보다는 단일 품목의 매출이 상당 부분을 차지하는 회사가 더 편하다. 포트폴리오 면에서는 조금 불리할지 몰라도 시장을 분석할 때 몇 개 제품만 분석해도 기업의 매출 분석이 되므로 편안한 투자를 하기에 적합하다. 잘되는 식당에 가보면 메뉴가 단순하다는 것을 기억해라.

⑥ PER이 10 이하인 회사이면 금상첨화다. 요즘은 PER이 10 이하인 회사가 거의 없어서 이 조건을 충족하는 투자를 하려면 큰 금융위기 정도는 있어야 가능할 것 같다. PER이 10보다 높더라도 외국인이 꾸준히 매집한 종목이면 PER 15 정도까지는 괜찮다. 그러나 PER이 30이상이 된다면 주가가 너무 비싼 편이니 크고 작은 금

융위기가 올 때까지 기다리는 편이 낫다.

⑺ 배당이 꾸준한 회사가 좋은데 식음료 업종에서는 배당이 높은 회사가 적다. 배당률이 다소 낮더라도 꾸준히 배당을 하는 회사라면 긍정적이다. 꾸준히 배당한다는 것은 회사에 대한 믿음을 가질 수 있기 때문이다.

2. 외국인 수급현황

아무리 좋은 회사라도 찾는 사람이 없으면 가격은 오르지 않는다. 반대로, 좋은 회사가 아니라도 수급만 좋으면 가격은 오를 수 있다. 물론 좋은 회사가 아니라는 것이 알려지기 전까지는 거품이 끼지만 일시적으로는 가격이 오를 수 있는 것이다. 나는 좋은 회사에 수급까지 좋은 종목을 골라 안정적인 주가 흐름을 보이는 종목을 분석한다. 이때 외국인의 장기간 매집 흐름을 보고 수급을 판단하는데, 외국인이 장기간 매집한다면 그 이면에는 어떤 이유가 있을 것이라는 가정에서다. 다만, 외국인 매매현황은 하루 단위가 아니라 최소한 달 단위로 계산하고 1년 이상 수년간 매집이 이루어진 회사만 고른다. 외국인이 매집하는 동안 가격이 많이 올랐다면 주가 부담이 있으므로, 좋은 회사를 외국인이 장기간 매집하는데도 지루하다 싶을 만큼 주가가 오르지 않는 회사가 투자 대상으로 좋은 회사다.

3. 현금 관리의 7가지 원칙

주가의 불확실성 속에서 행복한 투자를 하기 위한 현금 관리의 원칙을 정리해보자.

⑴ 본업을 버리지 마라.

⑵ 매월 본업에서 일정 금액을 저축하여 현금을 추가해야 한다.

⑶ 항상 현금을 보유하라. 투자 금액의 20퍼센트에서 50퍼센트까지가 적정하다.

⑷ 빚내서 투자하지 마라.

⑸ 다른 데 사용할 자금으로 주식투자 하지 마라.

⑹ 현금 확보를 위해 포트폴리오를 조정할 때는 모르는 주식, 즉 미래에 대한 확신이 없는 주식을 팔아라.

⑺ 주가가 하락해서 잠이 안 오는 사람이라면 절반을 처분해서 주식과 현금을 5:5로 만들어라.

연	원금	최초	1년	2년	3년	4년	5년	6년	7년	8년
0	1,200	1,200	1,320	1,452	1,597	1,757	1,757	2,126	2,338	2,572
1	1,200		1,200	1,320	1,452	1,597	1,757	1,757	2,126	2,338
2	1,200			1,200	1,320	1,452	1,597	1,757	1,757	2,126
3	1,200				1,200	1,320	1,452	1,597	1,757	1,757
4	1,200					1,200	1,320	1,452	1,597	1,757
5	1,200						1,200	1,320	1,452	1,597
6	1,200							1,200	1,320	1,452
7	1,200								1,200	1,320
8	1,200									1,200
9	1,200									
10	1,200									
11	1,200									
12	1,200									
13	1,200									
14	1,200									
15	1,200									
16	1,200									
17	1,200									
18	1,200									
19	1,200									
20	1,200									
합	25,200	1,200	2,520	3,972	5,569	7,326	9,259	11,385	13,723	16,295

3부

월급쟁이 **왕초보를** 위한 4단계 **주식투자 시스템**

종가 (만 원)

10년	11년	12년	13년	14년	15년	16년	17년	18년	19년	20년
3,112	3,424	3,766	4,143	4,557	5,013	5,514	6,065	6,672	7,339	8,073
2,830	3,112	3,424	3,766	4,143	4,557	5,013	5,514	6,065	6,672	7,339
2,572	2,830	3,112	3,424	3,766	4,143	4,557	5,013	5,514	6,065	6,672
2,338	2,572	2,830	3,112	3,424	3,766	4,143	4,557	5,013	5,514	6,065
2,126	2,338	2,572	2,830	3,112	3,424	3,766	4,143	4,557	5,013	5,514
1,757	2,126	2,338	2,572	2,830	3,112	3,424	3,766	4,143	4,557	5,013
1,757	1,757	2,126	2,338	2,572	2,830	3,112	3,424	3,766	4,143	4,557
1,597	1,757	1,757	2,126	2,338	2,572	2,830	3,112	3,424	3,766	4,143
1,452	1,597	1,757	1,757	2,126	2,338	2,572	2,83	3,112	3,424	3,766
1,320	1,452	1,597	1,757	1,757	2,126	2,338	2,572	2,830	3,112	3,424
1,200	1,320	1,452	1,597	1,757	1,757	2,126	2,338	2,572	2,830	3,112
	1,200	1,320	1,452	1,597	1,757	1,757	2,126	2,338	2,572	2,830
		1,200	1,320	1,452	1,597	1,757	1,757	2,126	2,338	2,572
			1,200	1,320	1,452	1,597	1,757	1,757	2,126	2,338
				1,200	1,320	1,452	1,597	1,757	1,757	2,126
					1,200	1,320	1,452	1,597	1,757	1,757
						1,200	1,320	1,452	1,597	1,757
							1,200	1,320	1,452	1,597
								1,200	1,320	1,452
									1,200	1,320
										1,200
22,237	25,661	29,427	33,570	38,127	43,140	48,654	54,719	61,391	68,730	76,803

11장

초보 투자자를 위한

투자

공부법

사업보고서
읽기

　　　　　최근에 나를 따라 동서에 투자한 M이 내게 언제 동서의 실적이 발표되는지 물었다. 그는 과거에도 종종 나를 따라 주식을 사곤 했지만 그때는 항상 종목과 주가에 대한 이야기만 했다. 그러다 투자클럽에서 공부하면서 처음으로 실적이 언제 공시되는지 관심을 갖게 된 것이다. 나는 그가 바람직한 방향으로 투자 성향이 바뀌는 것을 보고 내심 흐뭇했다. 나는 이처럼 실적이나 회사에 대한 질문을 받을 때가 기쁘다. 주가가 떨어졌는데 손절매를 해야 하는지, 주가가 얼마나 오를 것으로 예상되는지 등의 부질없는 질문보다 회사에 관한 질문을 하는 사람들은 기본적인 투자를 잘하고 있는 것이다.

　　일반적으로 회사는 결산이 끝나면 1월 말에 결산 실적공시가 나오고 2월 말에 감사보고서가 공시되며 3월에 주주총회를 하고 그

후에 사업보고서를 공시한다. 금융감독원 전자공시시스템(http://dart. fss.or.kr/)에 공시되기 때문에 누구나 볼 수 있는 자료다. 인터넷에서 금융감독원 전자공시시스템을 검색해서 들어간 후 위의 그림처럼 검색창에 회사명을 입력하고 조회기간을 설정한 후 정기공시의 사업보고서를 체크하면 1년에 한 번 보고하는 사업보고서가 나온다.

사업보고서는 표준화되어 있어서 대개 비슷하다. 'Ⅰ. 회사의 개요' 'Ⅱ. 사업의 내용' 'Ⅲ. 재무에 관한 사항' 등의 내용이 들어 있다.

'사업의 내용'을 볼 때는 사업의 개요, 주요 제품과 서비스, 주요 원재료, 전체 매출과 제품별 매출실적에 대한 것을 중점적으로 읽는다. 주요 제품은 회사 홈페이지에서 출력해 어떤 제품들을 파는지 체크해보면 좋다. 바뀐 회사 이름이나 제품구조도 알아두면 회사의 방향을 이해하는 데 도움이 된다.

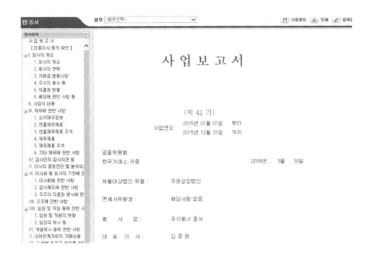

예를 들어 사람들은 롯데삼강은 익숙하지만 롯데푸드는 모르는 경우가 많은데 사업보고서를 보면 2013년에 '롯데삼강'에서 '롯데푸드'로 사명을 바꾸었다는 것을 알 수 있다. 회사 이름이 바뀐 것만 보더라도 아이스크림 회사 이미지에서 탈피해서 종합푸드 회사로 발전시키고자 한다는 것을 알 수 있다. 구체적으로 보면 2012년 이후부터 네슬레 지분을 50퍼센트 취득하고 롯데칠성 원두커피 사업 부문을 양수했으며 파스퇴르유업과 웰가, 롯데후레쉬델리카, 롯데햄 등을 인수하며 몸집을 불려나가고 있다.

동서는 어떤 회사인가? 동서는 동서식품이라는 회사가 50퍼센트 지분을 가지고 있고 나머지 50퍼센트는 크래프트푸드사가 가지고 있다. 즉 동서는 지주회사의 성격을 가지고 있어서 수익의 대부분을 맥심 커피믹스를 제조하는 동서식품에서 받는 배당이므로 사업실적을 볼 때는 동서보다는 동서식품의 실적도 함께 봐야 더 정확하다.

사업보고서는 처음 읽을 때는 한 시간 정도 걸리지만 그다음부터는 반복해서 읽는 것이므로 현저하게 줄어들어 15개 회사의 사업보고서를 읽어도 두세 시간이면 충분히 읽는다. 최소한 자신이 투자한 회사가 무엇으로 어떻게 돈을 버는지 정도는 알고 투자해야 한다. 그것이 투자를 하는 사람들이 갖춰야 할 최소한의 자세다.

배당은
얼마나
하는가

주가가 오르락내리락하면 투자자들은 흥미를 가지고 주식투자에 열을 올리지만 주가지수가 오랫동안 박스권에 갇히면 답답해한다. 주가의 시세차익을 목적으로 하는 투자자는 대부분 지루한 장세에 견디지 못한다. 그러나 나 같은 경우는 박스권 장세에 지루해하지 않는다. 내가 투자한 회사들은 모두 고배당주이기 때문에 주가가 오르지 않아도 배당을 받는 즐거움이 있기 때문이다. 배당률만 높은 것이 아니라 매년 꾸준히 배당을 해온 주식들이 고경기에 민감하지 않은 주식들이기 때문에 안정적인 배당을 받을 수 있는 주식이다. 시세차익보다 배당을 받기 위해 투자한 회사라고 볼 수도 있다.

동서의 배당 내역을 살펴보면, 매년 1300억 원의 이익을 내면서 그 절반 정도인 660억 원을 배당금으로 지급하며 주당 배당금이 670원이다. 주식 1주당 670원을 배당받는 것으로 1만 주를 가지고 있으면 670만 원의 배당금을 받을 수 있다. 시가배당률은 2.1퍼센트로, 이는 배당금을 받을 때(배당기준일)의 현재 주가 대비 2.1퍼센트의 배당금을 받는다는 의미다. 은행 이자율과 비교해보면 아주 괜찮은 수익률이다. 매입단가가 낮다면 배당수익률은 훨씬 올라가는데 내 경우에는 평균 1만 원에 매입해서 시가가 3배 넘게 올라 있으므로 매입단가로 계산하면 매년 6.3퍼센트가 넘는 배당수익률을 얻고 있는 셈이다.

2. 배당 결의·보고				
	배당종류		현금배당	
가. 현금·현물 배당	- 현물자산의 상세 내역			-
	1주당 배당금(원)	보통주식	기말배당금	670
			중간·분기배당금	-
		종류주식	기말배당금	-
			중간·분기배당금	-
	배당금총액(원)			66,512,590,410
	시가배당률(%) (중간배당 포함)	보통주식		2.1
		종류주식		-
나. 주식배당	주식배당률(%)	보통주식		-
		종류주식		-
	배당주식총수(주)	보통주식		-
		종류주식		-

또한 배당주에 관심을 갖는다는 것은 경기에 관계없이, 주가에 관계없이 장기투자를 하겠다는 뜻이며 기업과 함께한다는 주식의 본질에 맞는 투자다. 배당주의 경우 시가배당률이 최소 은행 이자보다 높은 회사를 선택하면 좋다. 식음료 업종들은 실적이나 안정성 면에서는 좋은 회사들이 많은데 그중에서도 동서가 동종업종에서 배당수익률이 가장 높다. 식음료 업종 중에서 2.5퍼센트 정도의 배당을 꾸준히 하는 회사는 동서가 거의 유일하다. 동서 다음으로는 빙그레가 1.6퍼센트로 뒤를 잇고 있으며 다른 회사들은 1퍼센트 미만이다.

나는 현대해상이나 코리안리 같은 보험회사들도 편입하곤 하는데 매년 배당수익률(시가배당률)이 2퍼센트 이상 나오기 때문이다. 이 회사들은 시세차익보다 현금 관리 목적에서 투자하는 경향이 강하다. 즉 전체 포트폴리오상에서 일정 금액만큼은 현금으로 보유하고 있어야 하는데 은행이나 CMA에 넣어두는 것도 좋지만, 매년 꾸준히 은행 이자의 2배 정도 배당을 해주고 시가도 크게 변동이 없는 배당주에 넣어두는 것도 괜찮은 방법이다.

투자에 필요한
회계,
이것만 알자

　　회사 재무제표를 완벽하게 이해하려면 회계학
적인 지식이 필요하지만 개인투자자들에게 필요한 정도로만 재무
정보를 이해하려면 핵심적인 것만 이해해도 무방하다. 사업보고서
에는 재무상태표, 손익계산서, 현금흐름표 등이 나오는데 재무제표
를 완벽히 이해할 수 있다면 좋겠지만 개인투자자들에게 이는 쉽지
않은 일이다.

　재무제표는 전체 내용을 다 보려고 한다면 조금 어려울 수 있기
때문에 재무상태표의 핵심만 보자. '자본'과 손익계산서의 '매출' '당
기순이익'이 그것이다. 숫자는 그 자체로는 어떤 의미인지 잘 모를
수 있는데 의미를 제대로 알려면 연도별로 추이를 보이는 것이 더
좋다. 즉 작년에 비해 얼마나 증가했는지 혹은 감소했는지 보는 것

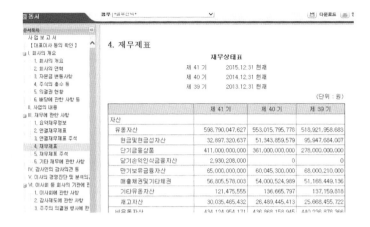

이다. 세부적인 계정에 대한 분석보다는 10~15년치를 요약해서 비교하면 매출과 이익, 순자산이 어떤 추세로 변화하는지 흐름을 이해하기 쉽다.

상장이나 코스닥 등록기업들은 분기별로 실적을 발표하는데 분기실적까지는 참고하는 수준에서 보고 연간실적만 추가로 업데이트해가면서 숫자의 변화를 체크하면 된다. 신문이나 뉴스에서도 코스피와 코스닥 분기실적과 결산 내용을 공고하므로 투자종목과 관심종목을 표시하고 스크랩해서 보면 도움이 된다.

재무에 관한 사항 중에서 내가 가장 중요하게 생각하는 것은 '자본'과 '순이익'이다. 자본은 재산이 얼마나 되는지를 보여주는 것이고, 순이익은 1년에 얼마나 벌었는지를 보여주는 지표다. 재무제표의 자본과 이익은 머릿속에 완전히 들어올 때까지 계속 보는 것이 좋다. 내가 투자하고 있는 회사의 재산이 얼마이고 1년에 얼마나 순이익을 내는지 누군가 물어봤을 때 언제라도 자신 있게 답할 수 있을 정도로 기억하고 있어야 투자에 대한 최소한의 기본을 갖추었다고 할 수 있다.

재산이나 이익이 어떤 의미가 있는지 알기 위해서는 회사의 10년 치 자료의 추이를 보거나 다른 회사와 비교해보면 더욱 명확해진다. 재산은 순재산으로 자본총계를 보면 되는데 꾸준히 계속 늘어나면서 순이익은 변동폭 없이 꾸준히 증가하는 것이 좋다. 너무 크게 증가했다가 감소했다가 하는 회사는 이익 변동성이 커서 주가도 등락폭이 커질 가능성이 높아 투자자를 불안하게 만들거나 고민이 커질 수 있다.

이익은 꾸준히 발생하는 것이 좋고 재산은 계속적으로 늘어나는 것이 좋다. 간혹 이익이 줄어드는 경우에는 매출의 흐름을 집중해서 보는 것도 도움이 된다. 매출은 늘었는데 이익이 줄었다면 원재료 비용이 많이 들었거나 경쟁이 심해져서 광고비가 많이 들어가는 경우일 수도 있는데 이런 현상이 일시적으로 나타난 것이라면 큰 문제가 없다. 한편 매출도 줄고 이익도 줄어드는 것은 회사 자체에 문제가 생겼다는 징후가 될 수 있으므로 향후 1~2년간 흐름을 보면서 판단해야 한다.

믿음을 갖기 위해서는 그 회사에 대해 잘 알고 있어야 하는데 사업내용과 재무제표를 보는 것은 회사에 대한 믿음을 공고하게 만들어준다. 투자에서 가장 힘든 것이 앞으로 어떻게 될지 모르는 불확실성이다. 만약 사업보고서를 보았을 때 꾸준하게 성장하는 회사라면 신뢰를 가져도 좋다. 재무제표를 통해 회사가 얼마나 돈을 꾸준히 벌고 얼마나 재산이 있느냐를 파악하여 이 흐름이 앞으로도 계속될 것인지를 판단하는 것이 핵심이다.

주주총회
참석해보기

　　　　　　아마추어 투자자로서 직접투자에 재미를 느끼기 시작했을 때쯤 나는 주주총회에 참석해보기로 했다. 간접투자를 할 때는 주주총회라는 것 자체에 관심도 없었고 참석할 수도 없었지만 직접투자를 하면서는 내가 투자하고 있는 회사에 방문하고 싶은 마음이 들었는데 아마 워런 버핏의 버크셔해서웨이 주주총회를 상상하면서 그런 생각을 하게 된 것 같다. 신문에서 본 축제 분위기의 버크셔해서웨이 주주총회만큼은 아니더라도 기대를 크게 하고 주주총회에 참석한 것은 사실이었다.

　그러나 첫 주주총회에 참석한 후 나는 다소 실망했다. 버크셔해서웨이의 주주총회에 참석하려고 길게 늘어선 주주들의 행렬과 달리 내가 참석한 회사의 주주총회의 안내데스크는 한산했다. 내가 신분증을 제시하자 직원 몇 명이 명단에서 이름을 확인하고 회의장

　　　　　　나는 적금보다 5배 이상 버는 주식투자를 시작했다

소를 안내해주었다.

주주 100여 명 정도가 좁은 회의실에 모여 있었다. 나는 빈자리를 찾아 앉은 다음 책상 위에 놓인 주주총회 자료를 넘겨보았다. 주주총회 자료는 재무제표와 사업보고서여서 회계사인 나에게는 익숙한 자료였고 이곳저곳 표시를 하면서 궁금한 점을 메모했다. 나는 소규모 세미나에 참석해도 질문하기를 좋아하는 성격이어서 주주총회에서도 질문을 통해 회사의 내부 상황을 제대로 알고 가기로 마음먹었다.

사회자가 주주총회의 시작을 알리고 의장이 인사말을 시작했다. 그리고 감사의 감사보고서 낭독, 재무제표 승인, 이사의 보수한도 승인 안건이 차례로 진행되는 동안 나는 서서히 깨달았다. 주주총회가 정해진 각본대로 진행되는 것이란 사실을 말이다.

재무제표 승인 안건이 나올 때 나는 물어보고 싶은 내용을 정리하고 있었고, 그중에서도 정말 중요한 것 한두 가지만 질문하리라 마음먹고 있었다. 그런데 손을 들 시간도 주지 않고 동원된 듯한 직원이 "의장!" 하고 큰소리로 외치며 마이크를 들었다. 직원은 대본 암기하듯 회사가 이렇게 어려운 상황에서도 성장을 꾸준히 했다는 이야기를 하더니 원안 통과를 제안했고 또 다른 동원된 직원들로 보이는 주주들이 그에 동의했다. 그리고 곧바로 의장이 방망이를 치면서 원안을 통과시켰다.

3가지 정도 안건이 모두 이렇게 통과되자 나는 어안이 벙벙했다.

비싼 비행기를 타고 제주에서 올라왔는데, 심지어 오전 9시 주총이라 아침 첫 비행기로 와도 늦을까 봐 전날 올라와 서울에서 하루 자고 주총에 참석한 터라 15분 만에 속사포처럼 진행된 주주총회에 아쉬움이 컸다. 게다가 아무런 질문도 또 답변도 받지 못했다는 것이 못내 실망스러웠다.

첫 주주총회 참석에서 배운 것은 그 회사에 대한 정보가 아니라 한국의 주주총회가 이렇게 진행된다는 걸 눈으로 본 것이었다. 다른 회사의 주주총회도 이럴 것이라는 생각이 들자 나는 주주총회에 오기 전에 더욱 준비를 해야 하겠다는 생각이 들었다.

두 번째 회사의 주주총회를 찾기 전에 나는 그 회사의 민감한 이슈를 몇 가지 뽑아 질문 사항을 미리 만들었다. 총회 장소에 가면서 스마트폰으로 뉴스를 검색해보며 웬만한 이슈들은 전부 확인했고, 이를 두세 가지 정도로 메모해두었다. 의장이 안건을 발표하고 주주들 의견을 묻는 순간, 나는 곧바로 번쩍 손을 들었다.

이 총회에서 당황한 것은 동원된 직원들이었다. 대본대로 진행되는 주주총회에서 개인투자자들은 잘 끼어들지 않았기 때문이다. 나는 아랑곳하지 않고 한 해 동안 언론을 떠들썩하게 했던 회사의 민감한 부분을 건드렸다. 주주총회 장소에는 언론사도 와 있으므로 민감한 부분에 대해선 의장도 자세한 이야기를 하기 어려울 수밖에 없었다. 의장은 상세한 설명은 총회가 끝난 후 담당 팀에서 답변을 해주겠다는 애매한 대답으로 마무리했다.

총회가 끝나자 나를 대하는 직원들의 반응이 달라졌다. 그들은 이미 내가 주식을 얼마나 보유하고 있는지 신상을 대충 알고 있었다. 그들은 나를 귀빈 모시듯 회의실로 데려가서 공개된 자리에서 말하지 못했던 것을 알려주었다.

이것이 개인투자자인 내가 주주총회에 참석하는 방식이다. 처음 참석하는 회사에는 민감한 질문을 해서 내 존재감을 알린 뒤 총회가 끝나고 회사 속사정을 들었다. 그다음 해가 되면 직원들은 나를 기억하고 있어 특별히 질문을 하지 않더라도 반갑게 인사하며 총회 끝나고 차 한잔 하자며 따로 시간을 내주었다. 어떤 회사는 택배로 회사 제품을 박스로 보내주어서 직원들과 함께 나눠먹기도 했다.

임직원들에게 눈도장 찍기 좋은 질문도 있다. 모든 회사의 주주총회에 나오는 안건이 이사보수총액한도 승인 건이다. 주주총회에서 임원들의 보수한도총액을 정해주면 그 한도 내에서 이사들 인건비를 지급하게 된다. 보통은 이사들 인건비가 높은 것을 지적하지만 나는 임직원 인건비가 높아야 성과를 더 잘 낸다고 생각한다. 보통 이사들도 대부분 오너가 아니라 전문경영인으로서 월급을 받는다. 그들의 인건비를 많이 집행한다면 더욱 열심히 일할 수 있는 것이다. 인건비를 아끼기보다는 한도액만큼 인건비를 모두 쓰고 다음 주주총회에서는 한도액을 올리는 안건을 의논했으면 한다고 의견을 낸다. 내가 이런 의사결정을 할 만큼 주식이 많은 것이 아니라서 실제 반영이 안 될 가능성이 높지만 내 입장에서는 돈 드는 것도 아니고 또 임직원들 입장에선 말이라도 힘을 얻을 수 있게 되는 것이다.

작은 반상회부터 회사의 주주총회까지 어떤 회의든 임원들을 공격하는 질문은 서로에게 그다지 좋은 결과를 가져오지 못한다. 오히려 임원들을 칭찬하면서 또 그들 서로에게 좋은 방안을 제안하는 형식의 질문을 하는 것이 더 나은 방법이다. 동서 주주총회에 참석했을 때 나는 먼저 회사의 사업에 대한 질문을 했다.

"불확실한 상황을 가지고 가는 것보다 확실한 해명이 있을 때 신뢰를 얻는 것 같습니다. 뉴스에서 보면 동서는 크래프트푸드와의 계약 때문에 중국 시장에 진출하지 못한다는 말도 있고 어떤 뉴스에서는 중국 시장은 우리나라 시장과 달라서 투자대비 효과가 미지수여서 진출하지 않는다는 말도 있습니다. 못하는 것과 안 하는 것은 명백히 차이가 있는데 어떤 상황인지 말씀해주시면 고맙겠습니다."

크래프트푸드는 세계적인 식음료 회사로서 동서와 함께 동서식품에 5:5로 투자한 회사인데 동서는 국내 판매만 할 수 있도록 계약이 되어 있어서 중국에 진출하지 못한다는 소문을 들은 바가 있었다. 의장은 "세상에 못하는 것이 어디 있겠습니까. 못하는 것은 아니고 지금은 계획이 없습니다. 아니 계획이 없다고 알고 있습니다"라고 대답했다. 마지막 말이 배수진을 치는 듯했지만 대답은 어느 정도 된 것 같았다. 못하는 것은 희망이 없지만, 안 하는 것은 언제든 기회만 되면 할 수 있다는 의미기 때문이다.

나는 또 한 가지 사소한 질문을 이어서 했다. 과거에는 주주총회 장소가 본사 회의실이었는데 이번에는 호텔로 바뀐 것이 궁금했기 때문에 한 질문이었다.

"개인적으로 1년에 한 번 주총 때 본사에 방문하는 것은 너무 좋은 시간이었습니다. 이렇게 탄탄한 회사가 검소하게 운영하는 것을 보고 동서를 사랑하게 되었습니다. 또 직원들을 만나보면 회사에 대한 애사심이 강하다는 것도 느끼고 있었습니다. 그런데 호텔에서 하게 되면 그런 기회를 갖지 못하게 되어 개인적으로 아쉬운데 호텔로 장소를 변경한 이유가 있는지요?"

의장은 대답했다.

"작년에 주주가 두 배로 늘었고 이번에 안건이 많아서 주주들이 참석을 많이 할 것으로 예상했습니다. 본사 회의실이 협소해서 조금 더 넓은 호텔로 장소를 변경했습니다."

나는 여담으로 한 이 질문에서 중요한 한 가지 팁을 얻게 되었다. 주주 수가 두 배로 늘었다는 것은 소액주주가 늘었다는 의미다. 소액주주들이 동서에 관심을 많이 가지게 된 것이다. 2015년 8월에 사상 최고가를 달성한 것이 그 원인일 것이다. 중요한 것은 그 이후에 주가가 40퍼센트나 폭락했는데 주주가 이탈하지 않고 버티고 있다는 것이고, 그건 동서 소액주주자들이 장기투자를 하고 있다는 의미였다. 단타매매하는 주주였다면 2015년 하반기 동안 손절매하고 나갔을 텐데 의장의 말대로라면 주가가 떨어져도 소액주주들이 보유하고 있는 상황이었으니 앞으로 동서 주가가 올라갈 가능성이 높았다.

　나는 이런 질문을 하기 위해 10분 정도를 할애해 준비했는데 투자한 시간에 비해서 꽤 의미 있는 정보를 얻어냈다. 그리고 회사 담당자와 1시간 동안 차를 마시며 회사의 내부 상황에 대한 이야기도 들을 수 있었다. 주주총회에서 자신의 존재감을 알리고 좀 더 깊이 있는 이야기를 듣는 것은 그다지 어렵지 않다. 총회 장소에 가는 동안 30분 정도 준비해서 질문할 리스트를 가지고 참석하면 된다. 대본대로 움직이는 회의에 용기를 가지고 손을 들어 회사와 주주를 위한 건전한 질문을 하면 깊이 있는 답변을 얻을 수 있다. 물론, 주주총회를 방해하기 위해 쓸데없는 질문을 하는 것은 회사나 자신에게 아무런 도움이 되지 않는다.

　주주총회는 주주라면 누구나 참석할 수 있지만 모두 똑같은 정보를 얻는 것은 아니다. 약간의 노력만 한다면 회사 내부 사정에 대해 좀 더 많은 정보를 알 수 있고, 언론에서 봤던 회사정보보다 훨씬 믿음이 가는 소식도 들을 수 있다. 주주총회를 통해 회사의 분위기와 직원들을 볼 수 있었다는 이점은 덤이다.

　　　　　나는 적금보다 5배 이상 버는 주식투자를 시작했다

외국인
매매현황
체크하기

사업보고서와 함께 중요한 것이 외국인 매매현황표다. 사업보고서는 회사가 얼마나 좋은 회사인지를 알려주는 것이라면 외국인 매매현황표는 주식의 수급에 대한 정보를 알 수 있는 것으로 외국인들이 해당 회사의 주식을 매집하고 있는지 매도하고 있는지를 보는 것이 목적이다.

외국인 매매현황표는 한 달 단위로 합계를 내서 작성해야 하는데 네이버 등 포털사이트에서 쉽게 조회하여 작성할 수 있다. 우선 자신이 원하는 종목을 네이버나 다음 사이트에서 검색하고 들어가서 '투자자별 매매동향'을 클릭하면 외국인과 기관들의 매매동향을 보여주는 표가 나오는데 우리가 찾아야 할 것은 외국인 매매동향이다. 인터넷에서는 일 단위로 외국인 매매현황을 보여주는데 이것을 월 단위로 합산하는 작업을 해야 한다. 증권회사 직원과 친할 경우 증권회사 직원에게 외국인 매매동향을 요청하면 원하는 기간별로 합산하여 보내주기도 한다.

외국인 매매현황을 볼 때 일 단위로 보게 되면 외국인의 속임수에 넘어갈 수 있으므로 반드시 월 단위로 합산하고 1~2년 정도의 매집 추이를 보는 것이 좋다. 외국인이 이 회사에 대해서 어떻게 매집하는지 아는 것은 시장을 아는 데 아주 중요하면서도 강력한 방법이다.

아래에 있는 표가 초등학생 딸이 아르바이트로 롯데칠성의 외국인 보유주식수와 보유율, 외국인 월 매매량, 월 종가를 정리한 표다. 일간 단위로 표시되어 있는 거래량을 복사해서 엑셀파일에 붙여 넣은 다음 한 달씩 합산하면 매월 외국인의 순매매량을 계산할 수 있다. 이렇게 계산한 것을 10~15년간 요약해놓은 것이 외국인 매매현황표다. 외국인의 매집기간은 표에서 색깔과 선으로 표시했다. 이렇게 외국인이 1년 이상 매집을 하고 있는 회사는 나의 관심 종목이 된다.

연	월	외국인보유주식수	외국인보유율	외국인 월매매량	종가
2011년 (45기)	12	350,249	28.31%	1,639	1,465,000
	11	348,754	28.19%	4,395	1,381,000
	10	344,344	27.83%	3,633	1,250,000
	9	340,197	27.50%	2,674	1,188,000
	8	337,523	27.28%	-5,838	1,270,000

	7	343,361	27.83%	- 5,642	1,449,000
	6	349,003	28.21%	- 11,025	1,320,000
	5	360,028	29.14%	- 13,966	1,158,000
	4	373,994	30.28%	- 12,477	1,148,000
	3	386,471	31.31%	214	1,074,000
	2	386,257	31.22%	2,126	919,000
	1	384,131	31.05%	5,031	886,000
	소계			- 29,236	
2010년 (44기)	12	379,100	30.64%	9,494	960,000
	11	369,606	29.87%	5,545	827,000
	10	364,061	29.43%	7,687	771,000
	9	356,374	28.80%	10,216	770,000
	8	346,158	27.98%	2,013	745,000
	7	344,145	27.82%	7,068	783,000
	6	337,077	27.25%	13,970	793,000
	5	323,107	26.12%	- 2,017	787,000
	4	325,124	26.28%	5,080	856,000
	3	320,044	25.87%	9,176	865,000
	2	310,868	25.13%	1,983	811,000
	1	308,885	24.97%	3,475	828,000
	소계			73,690	
2009년 (43기)	12	305,410	24.69%	6,289	843,000
	11	299,121	24.18%	20,989	825,000
	10	278,132	22.48%	25,148	812,000
	9	252,984	20.45%	31,485	805,000
	8	221,499	17.91%	9,139	760,000

7	212,360	17.17%	12,739	793,000
6	199,621	16.14%	4,067	850,000
5	195,554	15.81%	4,387	803,000
4	191,167	15.45%	2,472	830,000
3	188,695	15.25%	2,536	860,000
2	186,159	15.05%	- 7,593	756,000
1	193,752	15.66%	- 23,757	870,000
소계			87,901	

　　2010년에 투자해서 연 60퍼센트 수익률을 달성했던 롯데칠성도 이렇게 외국인 매매동향을 이용한 투자였다. 외국인은 롯데칠성 주식을 2009년 2월부터 2011년 3월까지 집중적으로 매집했다. 꾸준한 매집을 통해서 2009년 2월에 15.05퍼센트였던 외국인 보유율을 2011년 3월에는 31.31퍼센트까지 늘렸다. 이 기간 동안 주가는 어떻게 움직였을까? 외국인이 롯데칠성 주식을 매집하는 동안에는 가격이 오르지 않다가 매집이 거의 마무리 되고 매각하기 시작한 몇 개월 사이에 급등하기 시작했다.

　　나는 주가가 오르기 전에 매집 사실을 파악했고 70만 원 대에서 분할매수를 완료했다. 다행히 내가 매수가 끝난 후 외국인의 매집이 완료되었고 그 이후 외국인은 매집한 주식을 팔기 시작했다.

　　외국인 보유율은 2011년 3월 보유율이 31.31퍼센트로 최고에 달했다가 2015년 9월에 12.3퍼센트 까지 떨어졌다. 2011년 3월부터

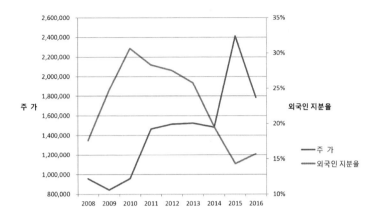

2015년 9월까지 4년 반 동안 꾸준히 팔아왔고 주가는 엄청나게 올랐다. 외국인의 평균 매수단가는 75만 원 수준인데 2015년 9월 주가는 240만 원까지 올랐다. 4년 반 동안 3배가 넘게 올랐으므로 연간 70퍼센트 수익률을 달성한 것이다.

위의 도표를 보면 외국인이 매집할 때 주가는 오히려 떨어지고 외국인이 매집을 완료하고 매도로 돌아서면서 주가는 급상승했다는 것을 알 수 있다. 롯데그룹 형제의 난으로 롯데가 무너지기라도 할 듯 말하지만 이런 이슈가 기업을 무너뜨리지는 않는다. 이런 악재는 정도의 차이만 있을 뿐 모든 기업에서 발생하는데 기업에 악재가 생긴다고 무조건 주가가 떨어지는 것은 아니다. 오히려 그 악재를 어떻게 극복하느냐가 주가에 영향을 더 미치는 경우도 많다.

외국인이 매집하는 동안 주가를 누르고 있다가 매집이 완료되면 주가를 띄운 뒤 매도하는 패턴을 보일 때 개인들은 정반대로 투자를 한다. 즉 외국인이 싸게 매집하는 기간에 개인들은 너무 주가가 안 오르니 싸게 팔고 외국인이 주가를 띄우면 주가가 계속 오를 줄 알고 외국인이 비싸게 파는 주식을 덥석 물어버린다. 외국인이 2011년부터 2015년 말까지 계속 가격을 올리면서 높은 가격에 팔았는데 반대로 말하면 개미들은 2009년~2011년 사이에는 헐값에 팔고 2011년~2015년에는 외국인한테 비싸게 사기 시작한 것이다. 개미들이 왜 주식투자를 하면 손해를 볼 수밖에 없는지 알 수 있는 대목이다. 주가가 쌀 때는 관심이 없다가 주가가 올라야 관심을 가지고 사기 때문이다.

외국인 매매현황표는 매월 업데이트된 부분만 읽으면 되기 때문에 사업보고서와 함께 읽는다고 해도 한 달 4시간만 투자하면 어렵지 않게 공부할 수 있는 분량이다. 나 또한 주식 공부에 투자하는 시간은 4시간 정도이며 투자 공부의 대부분을 사업보고서와 외국인 매매현황표를 읽으면서 보낸다.

나는 적금보다 5배 이상 버는 주식투자를 시작했다

공시자료와
뉴스
이용하기

　　　　　　주식투자를 하려는 사람들이 공부를 너무 안
하고 뛰어드는 것도 문제지만, 한편으론 공부를 다 하고 마스터해
야 투자를 하겠다고 하는 것도 안타깝다. 평생 투자를 하지 못할지
도 모르기 때문이다. 공부는 평생 해야 하는데 하면 할수록 어렵다
고 느끼게 마련이다. 그러다 보면 이론 공부만 하고 실제 투자는 하
지 못하는 것이다.

　나는 투자 공부는 이론적인 공부와 실전 투자를 병행하는 것이
가장 바람직하지 않은가 싶다. 대신 공부가 많이 안 되어 있다면 소
액으로 투자해서 손실을 보더라도 수업료로 생각하는 수준 정도만
하면 된다. 자신이 실제로 투자하면서 공부를 하는 것과 투자를 하
지 않은 상태에서 이론적인 공부를 하는 것은 습득력에서 크게 다

르다. 아내도 신문을 잘 보지 않는 편이었는데 소액이지만 주식을 사고 나서 경제신문을 보며 경제에 관심을 갖기 시작했다.

경제 공부를 시작했다는 것 자체로 큰 의미가 있지만 사실 경제 신문을 투자에 활용하는 것은 또 다른 문제다. 뉴스 자체가 투자에 도움이 되는 경우보다는 오히려 사람들이 뉴스에 어떻게 반응하는 지를 생각하는 것이 더 투자에 도움이 된다. 결국 주가는 현재의 상황에 대해 사람들이 어떤 생각을 가지고 있고 주식을 파는 사람이 많은지, 사는 사람이 많은지에 따라 가격이 결정되기 때문이다.

북한의 핵 리스크가 큰 이슈이기는 하지만 북한의 핵 리스크가 주가에 미치는 영향은 이론과 다르다. 처음 북한 핵 리스크가 나왔을 때는 사람들이 전쟁이라도 일어나면 어쩌나 하는 마음에 주식을 내다 던지면서 주가가 떨어졌지만, 이런 사건이 몇 번 일어나고 나면 결국 아무 일도 없는 것으로 결론이 나게 되고 사람들은 학습효과가 생겨서 '이번에도 그냥 시간이 지나면 잊히겠지' 하게 되어 주가는 별로 움직이지 않는다.

나는 지금도 신문과 뉴스를 열심히 보기는 하지만 그것을 투자에 직접 적용하지는 않는다. 오히려 사람들이 이런 뉴스에 어떤 반응을 보이는지 생각해보고 사람들이 현재 상황을 부정적으로 보는지 긍정적으로 보는지를 판단한다. 본업이 있는 개인투자자의 경우 대부분 소액으로 투자를 하는 경우가 많은데 이런 뉴스를 보며 투자하는 것은 효율성이 너무 떨어진다. 뉴스를 공부하는 데 엄청난 시간이 필요한 것에 반해 그로 인해서 얻는 수익은 아주 미미하기 때문이다.

뉴스를 본다면 뉴스가 주가에 어떤 영향을 미칠까 하는 것을 연구하기보다는 오히려 지금 부정적인 뉴스가 많은지 긍정적인 뉴스가 많은지를 판단하는 정도로만 살펴보는 것이 더 도움이 된다. 신문의 경제면 기사 대부분이 부정적인 뉴스가 많다면 사람들이 그만큼 경제를 나쁘게 보고 있다는 것이고 그에 따라 주가가 폭락해 있을 것이다. 그러면 이때가 가장 투자 적기가 될 가능성이 높다.

반대로 신문에 긍정적인 뉴스가 많다면 사람들은 경제를 좋게 보고 있다는 것이므로 주가는 상승해 있을 것이다. 주가가 올라가고 사람들 관심이 높아질 때 투자하는 사람은 별로 재미를 보지 못한다. 반대로 주가가 낮고 사람들 관심이 없을 때 매집하면 사람들의 관심을 받기 시작한 때 투자수익을 누리게 된다. 오랫동안 주가를 누르면서 매집해온 외국인이 가격을 올리면서 팔고 나가기 시작하는 것을 보면 대중과 거꾸로 투자하는 외국인의 노련함을 엿볼 수 있다.

한편 공시자료는 회사에서 공시하는 내용이므로 한 달에 한 번 정도 체크할 필요가 있다. 공시자료를 체크하는 법은 간단하다. 네이버 같은 포털사이트 증권 페이지에 들어가서 종목을 검색한 후 뉴스공시 메뉴를 클릭하면 다음 그림처럼 종목 뉴스와 공시정보가 일자별로 보인다. 뉴스나 기사는 글 쓴 사람의 의견이 들어가는 주관적인 내용이 있지만 공시는 회사에서 사실적인 내용을 공표하는

날자	제목	정보제공
2016.03.23 17:34	(주)동서 집합투자업자등의 의결권행사	KOSCOM
2016.03.23 14:31	(주)동서 집합투자업자등의 의결권행사	KOSCOM
2016.03.18 15:17	(주)동서 (정정)정기주주총회결과	KOSCOM
2016.03.18 14:00	(주)동서 정기주주총회결과	KOSCOM
2016.02.29 17:51	(주)동서 주주총회소집결의	KOSCOM
2016.02.29 17:51	(주)동서 상장폐지승인을위한의안상정결정	KOSCOM
2016.02.29 09:22	(주)동서 감사보고서 제출	KOSCOM
2016.01.25 17:49	(주)동서 현금·현물배당 결정	KOSCOM
2016.01.25 17:47	(주)동서 매출액 또는 손익구조 30%(대규모법인은...	KOSCOM
2016.01.21 15:31	(주)동서 결산실적공시 예고	KOSCOM

1 2 3 4 5 6 7 8 9 10 다음 › 맨뒤 ››

것이라서 의견이 들어가지 않은 객관적인 정보다. 물론 뉴스를 투자에 사용하지 못하는 것처럼 공시자료를 직접투자에 활용해서는 안 되지만, 공시자료는 회사를 이해하고 회사의 사업구조를 이해하는 데 결정적인 자료가 된다. 주주총회 결과 자료나 배당금 공시, 결산실적공시, 무상증자, 시설투자나 사업변경, 다른 투자회사들의 의결권행사 내용, 대주주나 임직원 주식거래 내용 등은 회사를 이해하는 자료가 될 것이다.

투자는 대중과 다른 길로 가는 것에 자부심을 느껴야 수익을 거둘 수 있다. 이 길이 무척이나 외롭고 힘든 길이지만 남들이 가지 않았기에 열매가 있다. 뉴스나 공시자료는 누구에게나 열려 있는 정보지만 이것을 있는 그대로 보는 투자자들과 이 정보에 사람들이 어떻게 반응하는지를 생각하면서 사람들의 움직임을 보는 투자자는 결과가 다르다.

투자
관련
책 읽기

"주식투자를 잘하려면 어떤 공부를 해야 할까
요?"라고 질문하는 사람들은 내가 얄팍한 경제지식으로 기업과 주
가의 관계를 풀어내는 것을 부러워하며 그런 경제나 회계지식이 투
자에 절대적인 영향을 주는 것으로 오해하는 경우가 많다. 물론 경
제지식, 회계지식, 기업분석, 경험, 돈 등도 모두 주식투자에 필요
한 공부다. 하지만 나는 가장 중요한 것이 인문학 공부, 즉 사람 공
부라고 생각한다.

투자의 원칙 중 하나는 쌀 때 사서 비싸게 판다는 것이다. 반대로
말하면 내가 쌀 때 산다는 것은 누군가 싸게 판다는 말이고, 내가
비싸게 판다는 것은 누군가가 비싸게 산다는 것이다. 즉, 내 이익은
나보다 더 바보인 누군가가 있어야 한다는 것이다. 결국 모든 투자

는 사람과 사람 간의 거래이므로 사람에 대해서 잘 알아야 한다.

투자를 하면 할수록 느끼는 것은 '투자는 지식을 가지고 하는 것'이 아니라는 점이다. 투자시장에서 시장 참여자의 마음을 읽고 그들의 심리를 이해하여 투자의 흐름을 통찰하는 것이 필요한데 여기에는 인문학적 사고가 기본체력으로 다져져 있어야 한다.

『한국의 젊은 부자들』이라는 책에서 박용석 저자는 젊은 부자들을 대상으로 설문조사를 했는데 투자 관련 책은 거의 없고 인문학 책이 대부분이었다고 밝혔다. 반드시 집에 가지고 있어야 할 책으로는 사마천의 『사기열전』, 에드워드 기번의 『로마제국 쇠망사』, 『성경』, 호메로스의 『일리아스』, 플루타르코스의 『플루타르코스 영웅전』이었다. 가장 감명을 받은 책으로는 톨스토이의 『안나 카레니나』, 마거릿 미첼의 『바람과 함께 사라지다』, 허먼 멜빌의 『모비딕』, 조너선 스위프트의 『걸리버 여행기』, 막스 베버의 『프로테스탄티즘의 윤리와 자본주의 정신』, 마키아벨리의 『군주론』, 노자의 『도덕경』, 사마천의 『사기열전』, 헤로도토스의 『역사』 등이 꼽혔다.

나 또한 1년에 1000권 이상의 책을 읽는데 가장 중요하게 생각하는 책들은 역시 인문학 책들이다. 집에는 온통 나와 가족들의 책으로 둘러싸여 있고 바닥에도 책이 깔려 있다. 우리 사무실에도 벽은 책장으로 둘러싸여 있는데 사무실보다는 집에서 주로 책을 읽기 때문에 중요한 책들은 집에 놓아두는 편이다. 집에 있는 책을 보면 문학, 역사, 철학책이 99퍼센트고 주식이나 투자 관련 책은 거의 사무실에 있다.

"책을 어떻게 이렇게 많이 읽느냐"고 묻는 사람들에게 내가 말할 수 있는 것은 "일단 책을 많이 사라"는 것이다. 복권을 사야 복권에 당첨될 수 있듯이 책을 사야 책을 읽을 수 있다. 나는 매주 월요일에 25만 원, 한 달에 100만 원 이상의 책을 주문한다. 돈이 있든 없든 상관없이 내가 정해 놓은 금액만큼은 무조건 책을 구입한다. 책 구입 금액은 자신의 경제적 능력에 따라 조정을 하면 되지만 중요한 것은 매주, 매월 일정액의 책을 주문해야 한다는 것이다. 그리고 아침에 일어나면 책 읽기부터 시작한다. 다독이냐, 정독이냐, 속독이냐의 문제는 그다음 문제다.

시장
조사와
파일 정리

개인투자자들이 시장분석에서 자주 하는 실수는 '요즘 주변에서 갤럭시를 많이 사용하니 삼성전자 주가가 올라갈 것이다'라고 예측하는 것이다. 이것은 너무 단편적인 분석이다. 내가 볼 수 있는 시장은 겨우 내 주변 정도인데 삼성전자의 실적은 전 세계 시장을 모두 봐야 알 수 있는 것이다. 자신이 살고 있는 지역이 전 세계 시장을 대변하지는 못한다. 여론조사를 할 때 10대에게만 설문조사를 한 후 어떤 당이 승리할 것이라고 주장하는 것과 비슷하다. 그것은 10대만의 생각이니 각 연령대별로 조사하면 전혀 다른 결과가 나올 수 있다.

투자한 회사의 시장분석을 할 때는 내가 조사한 표본이 전체 집단의 대표성을 갖는지를 파악해야 한다. 이처럼 시장분석을 하는

나는 적금보다 5배 이상 버는 주식투자를 시작했다

것이 어렵기 때문에 개인들이 시장조사를 제대로 한다는 것은 불가능한 일이다. 따라서 종목 선정에 있어서 시장조사를 하기 쉬운 업종에 투자하는 것이 좋다. 내가 식음료 업종을 좋아하는 이유 중 하나가 세계 시장을 분석할 필요가 없고, 일부 지역만 분석해도 전국 시장과 거의 비슷하기 때문이다.

나는 식음료 업종 중에서도 한 품목으로 전체 매출의 대부분을 차지하고 있는 회사와 여러 품목으로 골고루 매출을 만드는 회사 중 전자를 선호한다. 하나의 품목이 전체 매출을 차지하면 포트폴리오는 약간 불리할 수 있지만 제품의 종류가 너무 다양하지 않은 업종이 시장을 분석하기도 쉽다.

제품 몇 개로 동종 업종에서 1등을 하고 있다면 몇 개 안 되는 제품이 엄청난 독점력을 지닌다는 것을 의미한다. 내가 동서를 좋아하는 이유는 바로 매출의 대부분이 커피믹스 하나로 이루어지기 때문이다. 빙그레는 바나나맛 우유와 요플레, 그리고 빙과류 매출이 대부분을 차지한다. 롯데푸드는 그랜드마가린과 빙과류, 그리고 육가공 제품 3가지로 크게 구분되어 있다.

삼성전자의 반도체나 휴대폰은 사업에 대한 이해도 어렵지만 전 세계 시장을 분석하는 것이 더 어렵다. 시장의 경쟁 상대가 언제 어디에서 나올지도 모르고 고객 또한 갤럭시를 쓰다가 아이폰으로 바꾸는 일이 흔하다. 반면 식음료 업종은 개인투자자들도 마트에 가서 매일 보는 것이기 때문에 분석하기가 쉽다. 고객들의 입맛은 쉽게 변하지 않는 것이라서 미래 시장을 분석하기도 상대적으로 수월하다. 내 주변 사람들은 어떤 커피믹스가 나와도 습관적으로 노랭이 커피믹스를 먹고 요플레를 찾으며 구구콘을 집어든다. 식음료는 소비자가 구매를 할 때 성능이나 가격을 비교하여 고민하는 것이 아니라 습관의 문제라서 특별한 문제가 발생하지 않는 한 계속적으로 구매를 하는 경향이 있다. 요컨대, 식음료 업종은 미래를 예측해야 하는 어려움을 상당 부분 덜고 갈 수 있는 것이다.

대부분의 남편들이 아내가 시장에 가자고 하면 지루함을 느끼듯이 나 또한 쇼핑에 대해 부담감을 많이 갖고 있었다. 무엇을 사는 행위 자체는 괜찮지만 사기 위해서 고민하고 고르는 시간은 고역이었다. 그래서 아내에게 "쇼핑할 땐 친구하고 가서 고르고 결재할 때만 나하고 같이 가자"라고 말할 때가 종종 있었다. 그런데 주식투자를 하고 나서부터는 쇼핑을 즐기기 시작했다. 마트에 가면 내가 투자하고 있는 회사 제품들이 눈에 들어왔고 이 제품들이 얼마나 잘 팔리는지 보는 것은 큰 즐거움이 되었다. 아내에게 내가 먼저 언제 마트에 가는지 묻고 함께 가자고 말하기도 한다. 가정과 투자가 연결되고 있는 것이다.

나는 일 년에 두 번 정도는 대형마트에 가서 내가 투자한 회사의 주요 제품에 대한 시장조사를 한다. 편의점이나 동네 슈퍼에서 시장조사를 하는 경우도 있지만 내가 투자한 회사들의 매출이 대형마트에서 훨씬 많이 팔리기 때문에 표본을 제대로 뽑으려면 대형마트

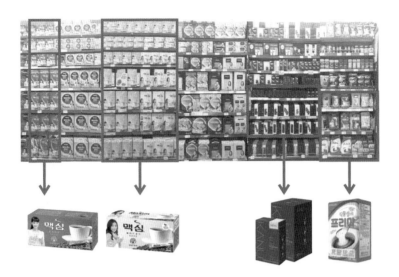

에서 시장조사를 해야 한다.

　6개월에서 1년에 한 번씩 주요 제품들이 매대에서 차지하는 면적을 살펴보고 추이를 보면 시장점유율에 대한 예측은 어렵지 않다. 다만 실제 정상적인 구매 매대가 아닌 판촉상품 등을 위한 프로모션 매대는 매대 면적에서 고려하지 않아야 한다. 할인상품 등을 위해 판촉 직원들이 나와서 식음행사 등을 하는 경우 정상적인 판매 목적의 매대가 아니라 광고를 위해 놓은 매대이므로 점유율에 반영해서는 안 된다.

　내 방에는 내가 투자한 회사 제품이 진열되어 있다. 신제품이 나오거나 하면 제품을 구매해서 직원들에게 주고 의견을 듣기도 한다. 사무실에서 일을 하다가 진열되어 있는 제품들을 보면 제품이 눈에 익게 되어 마트에 갔을 때 내가 투자한 회사가 만든 제품들이 눈에 확실하게 들어온다. 이것은 생각보다 그렇게 어려운 일이 아니다. 전문가들은 기업 탐방이나 애널리스트들의 보고서에 있는 어려운 도표를 보면서 시장분석을 하지만 아마추어 개인투자자들은 그렇게 하는 것이 어렵다. 그러니 가족과 함께 마트에서 쇼핑하면서 시장조사를 함께 할 수 있는 그런 편안한 투자가 좋다.

개인적으로는 모든 사람들이 대체로 분석하기 쉬운 식음료 업종을 추천하지만 식음료 외에 다른 종목도 시장조사를 하는 방법은 비슷하다. 자신이 잘 아는 종목이나 생활 속의 종목을 투자하면 별도로 시장분석을 하지 않아도 쉽게 시장과 기업을 알 수 있다.

자신이 일하는 회사가 속한 업종이나 취미생활, 또는 관심 있는 것과 관련된 기업들에 투자하는 것이 안정적이고 확실하다. 선생님이나 학원 쪽에 있는 사람이라면 교육 관련 업체에 관심을 가지면 되고, 도소매 업종에 종사한다면 유통 업종에 대해서 다른 사람들보다 더 잘 알 수 있을 것이다. 그러면 업무를 하거나 취미생활을 하면서 동시에 투자와 관련된 시장조사가 이루어지는 셈이 된다. 투자에 올인하면서 고민하는 투자가 아니라 본업에 집중하면서 행복한 투자를 하는 길로 갈 수 있는 것이다.

12장

시스템대로만
따라 하면
쉽다

내 투자의
4단계 시스템
따라 하기

지금까지 나는 내가 하고 있는 투자의 방법과 원칙에 대해 자세하게 이야기했다. 한 달 4시간으로 연 10퍼센트를 버는 행복한 투자자의 길을 있는 그대로 보여주고 싶었다. 그리고 이제는 이 책을 읽는 독자들의 차례다. 중요한 것은 실전에서 어떻게 실천하느냐에 따라 달려 있다. 실전에서 감정적인 동요와 심리적 불안을 최소화하고 처음 계획을 세운 대로 투자를 해나가려면 결국 원칙을 지키도록 해주는 장치, 즉 '시스템'이 필요하다.

그래서 나는 앞서 계속 이야기해온 내 투자 방식과 원칙을 그대로 따라서 해나갈 수 있도록 4단계의 시스템으로 정리했다. 다음 페이지의 도표는 바로 그 4단계의 과정을 요약해서 정리한 것이다. 연 10퍼센트의 수익률을 목표로 한 주식투자에서 무엇을 어떻게 할 것

나는 적금보다 5배 이상 버는 주식투자를 시작했다

4단계 주식투자 시스템

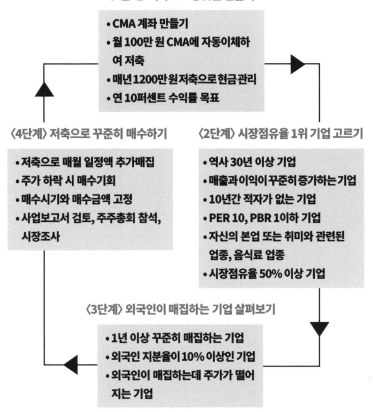

〈1단계〉 저축으로 종잣돈 만들기

- CMA 계좌 만들기
- 월 100만 원 CMA에 자동이체하여 저축
- 매년 1200만 원 저축으로 현금관리
- 연 10퍼센트 수익률 목표

〈4단계〉 저축으로 꾸준히 매수하기

- 저축으로 매월 일정액 추가매집
- 주가 하락 시 매수기회
- 매수시기와 매수금액 고정
- 사업보고서 검토, 주주총회 참석, 시장조사

〈2단계〉 시장점유율 1위 기업 고르기

- 역사 30년 이상 기업
- 매출과 이익이 꾸준히 증가하는 기업
- 10년간 적자가 없는 기업
- PER 10, PBR 1이하 기업
- 자신의 본업 또는 취미와 관련된 업종, 음식료 업종
- 시장점유율 50% 이상 기업

〈3단계〉 외국인이 매집하는 기업 살펴보기

- 1년 이상 꾸준히 매집하는 기업
- 외국인 지분율이 10% 이상인 기업
- 외국인이 매집하는데 주가가 떨어지는 기업

인지에 관한 일종의 가이드라인이라고 보면 될 것이다. 이 도표를 다 보았다면, 이제부터 각 단계별로 다시 한 번 살펴보자.

1단계:
저축으로
종잣돈 만들기

　　　　　　월급쟁이나 자영업자에게 돈은 얼마나 필요할까? 나에게 돈은 얼마나 필요할까? 나는 10억 원 정도 있으면 충분하지 않을까 생각했다. 상속이나 증여 등이 아니라 자력으로 10억 원 정도를 모을 수 있다면 연간 10퍼센트의 수익을 올린다고 했을 때 매년 1억 원 정도의 수입이 생기는 셈이 된다. 본업 외에 연간 1억 원 정도의 수입이 생긴다면 경제적인 여유가 충분하겠다는 생각이 들었다.

　경제적 여유란 단순히 돈 걱정을 하지 않는다는 것이 아니라, 돈을 목적으로 일하지 않을 수 있는 기회가 생기는 것이다. 누구나 돈을 목적으로 일하지 않는다고 말은 하지만, 실상 따지고 보면 돈 때문에 자신이 하고 싶은 일을 하지 못하고 출근하기 싫어도 출근을 해야 하는 의무가 생기는 것이다. 결국 돈이 없는 사람일수록 돈 때문에 일하게 되고, 자본소득 없이 스스로 일을 해야만 돈을 버는 노동소득밖에 없는 사람은 돈의 노예가 되어버리기 쉬운 것이다. 그러나 돈 때문에 일하지 않는다면 자신이 하고 싶은 일을 더 할 수 있고, 또 하기 싫은 일을 안 할 수도 있다. 물론 돈이 많더라도 더 많은 돈을 벌기 위해 목을 맨다면 이 경우에도 돈의 노예가 되는 것은 마찬가지다.

　결국 돈에 끌려다니지 않을 수 있다면 경제적 자유가 있다고 볼 수 있다. 나는 연간 수입 1억 정도가 내게 생기면 경제적 자유를 충분히 얻을 수 있겠다고 생각한 것이다. 대부분의 사람들도 자본소득으로 1억 원 정도의 수입이 생긴다면 자신이 하고 싶은 일을 하는 데 문제가 없을 것 같다.

　그러나 10퍼센트 수익률로 1억 원의 수입을 얻으려면 10억 원의 자본금이 있어야 하는데, 사실상 그 금액을 온전히 자신의 힘만으로 모은다는 게 어려운 것이다. 저축만으로는 거의 모을 수 없는 금액이고, 분명 돈을 불릴 수 있는 재테크를 해야 한다. 그러면 1억 원은 어떠한가? 1년에 1000만 원씩 10년 동안 모은다고 생각하면 가능한 금액이다. 월급쟁이도 충분히 모을 수 있지 않을까 생각한다. 내 경험으로 보면, 10억 원을 모으는 것보다 1억 원을 모으는 게 사실 더 힘들었고 시간도 오래 걸렸다. 제로 상태에서 1억을 모으는 데는 10년 이상 걸렸지만, 1억에서 10억을 만드는 데는 7년이 채 걸리지 않았다. 그리고 10억에서 20억을 모으는 데는 3년 정도밖에 걸리지 않았고, 앞으로 더 짧은 시간 내에 더 많은 돈이 모일 수 있을 것이다.

왜 10억 원이나 20억 원보다 절대적으로 적은 금액인데도 1억 원을 모으는 것이 그렇게 힘이 들까? 그건 돈을 모으는 기술의 문제가 아니라 돈에 대한 마인드의 문제다. 1000만 원 정도의 투자금으로는 10퍼센트 수입이라야 100만 원 정도밖에 안 되기 때문에 재투자를 하지 않고 쉽게 써버리게 된다. 그러나 1억 원이 되면 10퍼센트 수익률만 거두어도 1000만 원의 수입이 생기기 때문에 돈을 아끼고 투자하게 된다. 즉, 1000만 원 이하의 투자금으로는 돈 쓰는 재미를 참으면서 모아야 하지만 1억 원 이상의 투자금이 생기면 돈 쓰는 재미보다 돈 버는 재미가 훨씬 커져서 계속 재투자를 하게 되고 돈이 불어나는 속도가 늘어난다.

한 달에 수십만 원, 많게는 100~200만 원을 저축할 수 있는 월급쟁이들이 1억 원을 모으기 위해서는 저축이 필수적이다. 그런데 투자금이 많은 사람보다 투자금이 적은 사람일수록 높은 수익률을 기대하는 경향이 있다. 10억 원이 있는 사람은 10퍼센트 수익률만 올려도 1억 원의 수입이 생기는데 100만 원만 있는 사람은 10퍼센트 수익률로는 10만 원밖에 벌지 못하기 때문에 그 이상의 수익률을 목표로 하게 되는 것이다.

투자시장에서는 높은 수익률이면 그만큼 높은 리스크가 따르기

매월 100만 원 저축으로 종잣돈 만들기

매월 100만 원을 20년간 저축하면 투자 원금이 2억 5000만 원에 달한다.

연도	1월	2월	3월	4월	5월	6월	7월	8월	9월	10월	11월	12월	합계
0	100	100	100	100	100	100	100	100	100	100	100	100	1,200
1	100	100	100	100	100	100	100	100	100	100	100	100	1,200
2	100	100	100	100	100	100	100	100	100	100	100	100	1,200
3	100	100	100	100	100	100	100	100	100	100	100	100	1,200
4	100	100	100	100	100	100	100	100	100	100	100	100	1,200
5	100	100	100	100	100	100	100	100	100	100	100	100	1,200
6	100	100	100	100	100	100	100	100	100	100	100	100	1,200
7	100	100	100	100	100	100	100	100	100	100	100	100	1,200
8	100	100	100	100	100	100	100	100	100	100	100	100	1,200
9	100	100	100	100	100	100	100	100	100	100	100	100	1,200
10	100	100	100	100	100	100	100	100	100	100	100	100	1,200
11	100	100	100	100	100	100	100	100	100	100	100	100	1,200
12	100	100	100	100	100	100	100	100	100	100	100	100	1,200
13	100	100	100	100	100	100	100	100	100	100	100	100	1,200
14	100	100	100	100	100	100	100	100	100	100	100	100	1,200
15	100	100	100	100	100	100	100	100	100	100	100	100	1,200
16	100	100	100	100	100	100	100	100	100	100	100	100	1,200
17	100	100	100	100	100	100	100	100	100	100	100	100	1,200
18	100	100	100	100	100	100	100	100	100	100	100	100	1,200
19	100	100	100	100	100	100	100	100	100	100	100	100	1,200
20	100	100	100	100	100	100	100	100	100	100	100	100	1,200
합계													25,200

마련이다. 목표수익률이 높아지면 위험이 있는 종목에 투자해야 하고 시간 투자도 더 많아진다. 경제적인 자유를 위해서 투자를 시작했는데 오히려 주식투자에 스트레스를 받고 목을 매야 하는 상황으로 바뀌는 것이다. 주식투자는 철저하게 돈이 나를 위해서 일하게 만드는 시스템이 되어야 한다. 내가 주식을 위해서 매일 시간 투자를 하고 본업을 잊어버릴 정도가 되면 이것은 출발부터가 문제가 있는 것이다.

결국 경제적인 자유를 갖게 되기까지의 출발점은 먼저 1000만 원으로 저축을 시작해 1억 원을 모으는 것이다. 이것은 현금을 모으는 것 외에도 투자금으로 주식을 저축하듯이 매수하는 것도 포함하는 것이다. 저축은 수입을 늘리거나 비용을 줄여야 하는데 수입을 늘리는 것은 자신의 힘으로 어려운 일이지만 비용을 줄이는 것은 자신의 노력으로 할 수 있는 일이다. 외식 횟수를 두 번에서 한 번으로 줄이고 커피숍에 가는 횟수를 절반으로 줄이면 되는 것이다. 그렇다고 해서 자신의 삶이 초라해지는 것도 아니고 비참한 생활을 하는 것도 아니다. 잠시 지금의 돈 쓰는 재미를 경제적 자유가 생길 때까지 미루어두는 것일 뿐이다.

예금 금리가 아주 낮다고 하더라도 종자돈을 모으는 것은 저축부터 해야 하고 저축을 통해 소비 습관과 현금 관리 방법을 배워나가야 한다. 합리적인 소비 습관과 현금 관리 원칙이 자리를 잡아야 나중에 큰돈이 생겨도 어려움이 없을 것이다.

매월 100만 원 20년간 저축하면 투자 원금이 2억 5000만 원에 달한다. 뒤에서는 이를 기준으로 주식에 투자해 연 10퍼센트의 수익률을 달성했을 때 순재산이 얼마나 증가하는지를 알아보자.

2단계:
시장점유율
1위 기업 고르기

　　　　　일반 개인투자자들은 어떤 종목을 사야 하는 가에 대한 질문을 많이 하는데 내가 해줄 이야기는 "자신이 잘 아는 종목에 투자하라"는 것뿐이다. 여기서 '잘 안다는 것'의 의미는 그냥 알아서는 부족하고 다른 사람들보다 잘 알아야 한다는 것이다.

　주식투자에서 자신이 잘 아는 종목은 무엇일까? 자신이 근무하고 있는 업종의 회사일 수도 있고 자신이 자주 사용하는 물건을 파는 회사일 수도 있다. 일반적으로 우리가 제일 잘 아는 종목은 의식주와 관련된 종목일 것이다. 매일 입고 먹고 사는 것과 관련되어 있으면 시장조사도 편하고 회사에 대해 접할 수 있는 기회가 많다.

　기업도 규모에 집착하여 성장만 추구하면 망하게 된다. 기업이 매출이 적거나 혁신을 못해서 망하는 것이 아니라 자신의 한계를 알지 못하고 무절제하게 팽창과 성장을 하면서 망하는 것이다. 사람에게 가장 중요한 것이 죽음과 관련된 일이듯이 기업에 가장 중요한 것은 망하지 않는 힘이다. 망하지 않는 힘 앞에서 이익이나 성장이나 혁신은 모두 부차적인 것이다.

그래서 기업에 투자하는 주식투자에서 제일 중요한 것은 안정성이다. 기업이 망하지만 않는다면 계속 보유하고 있으면 되는데 망할지도 모른다는 불안감 때문에 장기투자를 주저하게 되는 것이다. 망하지 않는 기업을 고른다는 것은 정말 어려운 일이지만 망할 확률이 가장 낮은 회사는 찾을 수 있다. 의식주와 관련된 종목으로, 해당 업종 1등 기업이면서 역사가 30~50년 이상 된 회사들이 그렇다. 의식주와 관련되어 있으니 글로벌 경쟁사와 싸울 필요가 거의 없고, 역사가 오래된 만큼 위기에 대처하는 법을 알고 있으며, 해당 업종에서 1등인 만큼 시장을 주도해가는 능력이 있다.

철저하게 안전한 투자를 추구하는 나는 의식주 중에서도 식(食)과 관련된 종목으로 좁혀서 투자한다. 왜냐하면 식음료 업종은 대부분의 매출이 내수시장에서 나오기 때문에 다른 종목에 비해 우리나라 시장만 분석해도 된다는 장점이 있다. 글로벌 시장에 영향을 받는다면 우리는 다른 투자자들보다 더 잘 안다고 할 수 없다. 또 식음료 업종은 어떤 글로벌 기업이 들어와도 우리나라에서는 경쟁력이 있다. 수천 년간 이어져온 우리의 식습관은 한 순간에 바뀌는 것이 아니기 때문이다. 그리고 이런 식음료 업종 중에서 해당 1등 업종만 고른다. 1등 업종은 쉽게 무너지지 않고 가격 인상을 주도할 수 있기 때문이다. 자신이 종사하는 업종이나 가장 잘 아는 1등 기업에 투자하고 그런 기업을 찾기 어렵다면 식음료 1등 기업을 고르는 것이 안전하다. 다음의 사례는 내가 투자하고 있는 시장점유율 1위 기업 '동서'에 관한 내용이다.

시장점유율 1위 기업 : '동서'의 사례

1. 회사 개요
1975년 5월 16일에 설립하여 40년 이상의 역사를 가지고 있으며, 1995년 12월 27일에 코스닥 시장에 상장, 2016년 7월에 코스피로 이전했다.

2. 매출과 이익
동서의 매출과 당기순이익은 10년간 꾸준히 증가하고 있다.

(단위: 원)

기간 과목	2015년 제41기	2014년 제40기	2013년 제39기	2012년 제38기	2011년 제37기
순자산	1,140,079,554,171	1,074,263,151	1,003,776,466	924,253,092	840,902,038
매출액	509,394,171,661	502,655,538	470,368,827	459,681,978	443,158,569
당기순이익	124,966,403,904	131,013,543	126,490,088	125,452,016	99,811,942

기간 과목	2010년 제36기	2009년 제35기	2008년 제34기	2007년 제33기	2006년 제32기
순자산	776,532,268	643,093,840	560,908,130	491,276,348	433,926,802
매출액	384,714,777	308,838,422	282,336,739	235,209,650	222,018,927
당기순이익	128,030,515	107,817,529	90,119,507	76,472,757	63,891,383

3. 시장점유율

동서식품의 맥심은 커피믹스 시장점유율 85%를 차지하고 있다

4. PER과 PBR

요즘은 PER이 10이하, PBR이 1이하인 회사를 찾는 것이 굉장히 어렵지만 가끔씩 운 좋게 그 이하로 주가가 떨어지는 경우가 있다.

(단위: 백만 원)

회사명	①순이익	②자본총계	③시가총액(8/31)	④PER(③/①)	⑤PBR(③/②)
삼성화재해상보험	813,806	10,085,250	12,791,206	15.7	1.3
현대해상화재보험	212,316	2,502,694	3,021,720	14.2	1.2
동부화재해상보험	430,443	3,966,945	4,779,000	11.1	1.2
코리안리재보험	186,456	2,016,757	1,438,411	7.7	0.7
롯데칠성음료	100,295	2,362,597	1,857,042	18.5	0.8
롯데제과	79,163	2,702,520	2,714,900	34.3	1.0
롯데푸드	50,274	892,607	923,000	18.4	1.0
농심	117,412	1,646,472	1,824,793	15.5	1.1
오뚜기	104,933	949,104	2,404,560	22.9	2.5
동서	124,966	1,140,079	3,075,745	24.6	2.7
오리온	177,107	1,526,176	4,464,166	25.2	2.9
빙그레	24,742	517,163	543,789	22.0	1.1
매일유업	26,068	405,077	488,151	18.7	1.2
CJ제일제당	253,667	5,385,233	5,126,559	20.2	1.0
대상	47,195	818,540	1,102,891	23.4	1.3

3단계:
외국인이 매집하는 기업
살펴보기

　　　　　2단계에서 식음료 업종 중 1등 업종을 골라보면 10개에서 15개 정도의 회사가 있다. 나는 이 회사들을 매월 유심히 보고 있다. 식음료 업종 중에서도 싸게 사야 하고 나중에 더 올라갈 종목을 골라야 하는데 이는 쉬운 일이 아니다. 1등 기업이라도 주가가 수년간 계속 하락할 수도 있고 보합상태일 수도 있다. 이것을 판단하는 방법은 무엇일까? 결국 돈의 흐름이 결정한다. 누가 이 종목에 관심을 가지고 주가를 올리는가를 판단하는 것이다.

　이미 몇 차례 이야기했듯이, 주식시장에서 외국인은 자금력과 경험, 정보력에서 개인들과 기관을 압도한다. 그러나 기관도(우리나라 기관들의 실력을 폄하하는 것은 아니다) 결국 개인들의 돈을 펀드로 모아서 투자하기 때문에 펀드를 개인들이 환매해버리면 그들도 투자를 소신

껏 하기가 어렵다. 그래서 내가 한 달에 4시간 투자로 연 10퍼센트 수익을 얻는 투자를 위해 제일 먼저 살펴보는 것은 외국인들의 움직임이다. 단지 오늘, 또는 한 주간, 한 달 동안의 움직임을 보는 게 아니라 꾸준히 6개월에서 1년 이상 매집을 하는 종목을 유심히 본다.

외국인도 단타매매를 하기 때문에 단기간 매입한 종목은 따라 하기가 어렵다. 그러나 6개월 이상 오랜 기간 매집을 하는 것은 단타매매를 하지 않는다는 의미고 외국인이 아무런 정보 없이 장기간 매집하는 경우는 별로 없다. 개인들이 그 이유를 모를 뿐이며, 결국 그들이 매집하는 종목은 나중에 주가가 올라가는 경우가 많다. 그래서 나는 외국인이 매집하는 종목 중 주가가 오르지 않거나 오히려 떨어지는 종목에 관심을 가진다.

동서의 외국인 매매현황표를 보면 10년 이상을 계속 매집하고 있다는 것을 알 수 있다. 이 매매현황표는 네이버 증권에서 찾아볼 수 있는 외국인 순매매 거래량을 월별로 합산하여 작성한 것이다. 동서의 외국인 매매량을 보면 2005년부터 지금까지 계속 외국인이 매집하고 있다.

동서의 외국인 매매현황표

(단위: 원)

연도	외국인 보유율	외국인 월 매매량	종가
2005년	4.36%	1,004,233	8,492
2006년	5.58%	380,188	6,776
2007년	6.73%	344,357	7,235
2008년	5.43%	-388,996	7,516
2009년	5.69%	77,605	9,706
2010년	9.08%	1,011,877	11,215
2011년	9.34%	79,728	9,173
2012년	8.70%	-180,313	10,889
2013년	10.43%	1,004,626	16,850
2014년	10.39%	-63,925	22,600
2015년	10.60%	819,750	31,150
2016년	11.60%	606,648	29,250

나는 적금보다 5배 이상 버는 주식투자를 시작했다

4단계:
저축으로 꾸준히
매수하기

1단계에서 3단계까지를 거치고 장기간 보유하면 연 10퍼센트 수익은 문제가 없겠지만 투자원금이 늘어나지 않으면 절대적인 수익을 내는 데는 한계가 있다. 초기 1000만 원을 가지고 아무리 10퍼센트 수익을 얻더라도 1억을 모으는 데는 20년이 넘게 걸린다.

그러면 좀 더 큰돈인 1억 원을 모으고 10억 원을 모으기 위해서는 어떻게 해야 할까? 계속 투자 원금을 늘려야 한다. 즉, 월급이나 사업소득처럼 본업에서 번 돈의 일정액을 투자금으로 정해 CMA나 은행 저축에 넣고 이것으로 매월 위 종목을 계속 추가 매집해줘야 한다. 초기 투자금만이 전부가 아니라 매월 저축을 통해 투자금을 지속적으로 쌓아갈 때 진정한 돈 굴리기 시스템이 만들어지는 것이다.

실제 부자들은 IMF 때 많은 돈을 벌었다. 자산가격이 폭락했을 때 투자해서 돈을 벌었다는 이야기를 아마 많이 들었을 것이다. 그러나 그건 프로들의 이야기이고, 일반인들이 따라 하기는 어렵다. 투자하고 싶어도 이미 모든 돈이 주식에 들어가 있기 때문에 더 투자할 현금이 없다. 기업이든 개인이든 투자를 하는 사람이든 다들 현금이 부족한 게 현실이다. 그러면 현금을 어떻게 확보하는 것이 좋을까?

나는 이에 대해 우리나라의 최대 경제연구소라는 곳의 소장과 이야기를 나눈 적이 있었다. 그 분은 이론적으로 대답했다. "보유하고 있는 재산 중에서 쓸모없는 재산은 매각해서 현금을 확보해야 합니다." 과거였다면 이 말에 공감이 되었을 수도 있다. 하지만 금융위기가 터지고 주식 가치가 떨어진 상황에서는 공허한 말에 불과하다. 내 재산 중에 쓸모없는 재산을 골라내기도 어렵지만, 이미 수십 퍼센트씩 떨어진 주식을 팔 수 있는 배짱 있는 사람이 몇이나 될까? 내가 그런 이야기를 하니, 소장은 한참 곰곰이 생각해보더니 "맞습니다. 미리 준비하지 않은 사람은 방법이 없습니다"라고 말했다.

내가 소장과 이야기하면서 느낀 것은 '결국 진짜 투자 공부는 경제지식에 대한 공부가 아니라 어떤 상황이 와도 대처할 수 있는 준비'라는 점이었다. 그것은 무엇일까? 나는 '현금 관리'라는 준비가 정답이라고 생각한다. 주가가 폭락하거나 금융위기가 오면 주식만 가지고 있는 사람이나 사업을 하는 사람들은 불행하지만 현금이 많은 사람은 행복한 고민을 하게 된다. 주가는 오를 수도 있지만 폭락할 수도 있다. 폭락할 때 행복해지려면 그때 투자할 수 있도록 현금을 잘 관리하는 것이 중요한 방법이다. 보유 현금을 주식에 모두 넣어두는 것이 아니라 항상 주가가 폭락할 경우를 대비해서 현금을 확보해가야 하는 것이다.

전업투자자들은 투자자산 포트폴리오 조정을 통해 현금 확보를 해야 하므로 주식 처분 여부를 결정해야 하지만 본업이 있는 투자자들은 다르다. 본업을 통해서 꾸준히 저축을 하고 현금을 확보해가면 된다. 기존에 투자해놓은 주식가격이 폭락해도 새로 저축한 현금이 있어서 행복할 수 있고, 주식가격이 오르면 기존에 투자한 주식가격이 올라서 행복할 수 있다. 전업투자자보다 본업을 가지고 부업으로 투자하는 사람이 행복한 투자를 할 수 있다는 것이다.

그래서 나는 본업에서 절대 떠나지 말라고 한다. 전업투자자는 주가가 떨어졌을 때 자신의 재산이 줄어서 가슴을 졸이지만 본업이 있는 투자자는 주가가 떨어지면 오히려 기회가 생긴다. 계속 본업으로 현금을 벌고 있기 때문에 주가가 떨어지는 것은 추가로 매수하는 타이밍이다. 또 주가가 오르면 이미 투자해둔 주식으로 수익을 거두고 월급에서 나오는 돈은 저축으로 모아두면서 주식 매수 기회를 기다린다.

연 10퍼센트 수익률 달성 시 순재산 증가

투자원금		순재산 증가									
연도	합계	최초연도	1년 후	2년 후	3년 후	4년 후	5년 후	6년 후	7년 후	8년 후	9년 후
0	1,200	1,200	1,320	1,452	1,597	1,757	1,933	2,126	2,338	2,572	2,830
1	1,200		1,200	1,320	1,452	1,597	1,757	1,933	2,126	2,338	2,572
2	1,200			1,200	1,320	1,452	1,597	1,757	1,933	2,126	2,338
3	1,200				1,200	1,320	1,452	1,597	1,757	1,933	2,126
4	1,200					1,200	1,320	1,452	1,597	1,757	1,933
5	1,200						1,200	1,320	1,452	1,597	1,757
6	1,200							1,200	1,320	1,452	1,597
7	1,200								1,200	1,320	1,452
8	1,200									1,200	1,320
9	1,200										1,200
10	1,200										
11	1,200										
12	1,200										
13	1,200										
14	1,200										
15	1,200										
16	1,200										
17	1,200										
18	1,200										
19	1,200										
20	1,200										
합계	25,200	1,200	2,520	3,972	5,569	7,326	9,259	11,385	13,723	16,295	19,125

나는 적금보다 5배 이상 버는 주식투자를 시작했다

매월 100만 원씩 추가 불입하여 20년간 연 10퍼센트 수익률을 달성한다면 투자원금 2억 5000만 원이 7억 6800만 원으로 늘어나게 된다.

순재산 증가										
10년 후	11년 후	12년 후	13년 후	14년 후	15년 후	16년 후	17년 후	18년 후	19년 후	20년 후
3,112	3,424	3,766	4,143	4,557	5,013	5,514	6,065	6,672	7,339	8,073
2,830	3,112	3,424	3,766	4,143	4,557	5,013	5,514	6,065	6,672	7,339
2,572	2,830	3,112	3,424	3,766	4,143	4,557	5,013	5,514	6,065	6,672
2,338	2,572	2,830	3,112	3,424	3,766	4,143	4,557	5,013	5,514	6,065
2,126	2,338	2,572	2,830	3,112	3,424	3,766	4,143	4,557	5,013	5,514
1,933	2,126	2,338	2,572	2,830	3,112	3,424	3,766	4,143	4,557	5,013
1,757	1,933	2,126	2,338	2,572	2,830	3,112	3,424	3,766	4,143	4,557
1,597	1,757	1,933	2,126	2,338	2,572	2,830	3,112	3,424	3,766	4,143
1,452	1,597	1,757	1,933	2,126	2,338	2,572	2,830	3,112	3,424	3,766
1,320	1,452	1,597	1,757	1,933	2,126	2,338	2,572	2,830	3,112	3,424
1,200	1,320	1,452	1,597	1,757	1,933	2,126	2,338	2,572	2,830	3,112
	1,200	1,320	1,452	1,597	1,757	1,933	2,126	2,338	2,572	2,830
		1,200	1,320	1,452	1,597	1,757	1,933	2,126	2,338	2,572
			1,200	1,320	1,452	1,597	1,757	1,933	2,126	2,338
				1,200	1,320	1,452	1,597	1,757	1,933	2,126
					1,200	1,320	1,452	1,597	1,757	1,933
						1,200	1,320	1,452	1,597	1,757
							1,200	1,320	1,452	1,597
								1,200	1,320	1,452
									1,200	1,320
										1,200
22,237	25,661	29,427	33,570	38,127	43,140	48,654	54,719	61,391	68,730	76,803

13장

편견을 깨면
주식이
쉬워진다

분산투자가
유리하다?

　　　　　10여 년 전쯤 한창 주식형 펀드에 투자할 때 나
는 분산투자에 대해 고민을 했다. 당시 펀드가 큰 인기를 끌고 있었
고, 중국 펀드도 너무 좋았다. 그러나 국내 주식형 펀드와 중국 펀
드가 손해를 볼 경우를 대비하기 위해 분산투자를 해야겠다고 생각
했고, 어떻게 하는 게 좋을지 고민한 것이다. 그래서 생각해낸 것이
'리츠(REITs. 부동산 투자를 전문으로 하는 뮤추얼펀드)'였다.

　주식과 부동산은 서로 분산투자 효과가 있을 것 같았다. 사람들
은 어차피 주식 아니면 부동산으로 돈을 넣을 것이기 때문에 주식
에서 부동산으로 돈이 이동하면 주가는 떨어지고 부동산 가격은 오
르기 때문이다. 부동산에 대한 직접투자는 내 성격과 맞지 않아서
주식으로 부동산에 투자하는 리츠에 투자를 했었다. 그런데 그로부
터 몇 년 후 리츠는 원금을 보전하는 수준에서 팔았다. 주식이 떨어

지면 리츠도 함께 떨어져버려 분산투자의 효과가 거의 없었다. 또 내가 리츠에 대해 잘 모른다는 것이 가장 큰 이유였다. 사실 분산투자라는 말이 실제 존재하는가에 대한 의구심조차 들었다. 종목별로 분산투자 해도 코스피가 빠지면 대부분의 종목이 빠져버린다.

국내주식과 해외주식도 분산투자를 해보았지만 우리나라 주식이 선진국 주식에 영향을 받다 보니 이 또한 함께 오르고 함께 떨어져서 분산효과가 없었다. "계란을 한 바구니에 담지 마라"는 말은 도대체 어디서 나왔는지 근원을 찾을 수가 없었다. 여러 바구니에 담아봤지만 하나가 깨지면 연쇄적으로 다른 바구니까지 떨어져서 모두 깨져버리기 일쑤였다. 분산투자라는 것은 내가 투자한 종목이 떨어질 경우를 대비해서 계란을 여러 바구니에 담아 놓는 것인데 요즘 금융시장은 거의 함께 움직이는 흐름을 보여 분산투자 효과가 별로 없는 것이다.

나는 적금보다 5배 이상 버는 주식투자를 시작했다

성장기업에
투자한다?

투자 종목을 선정할 때 사람들은 종종 요즘 뜨는 종목이나 우리나라 대표 업종을 투자하는 것이 안전한 것 아닌가 생각한다. 2010년 초반 차화정(자동차 · 화학 · 정유 업종)이나, 2015년에 뷰티와 제약회사(아모레퍼시픽, 한미약품)같이 성장성이 높은 회사를 찾는 것이다. 이런 회사들이 너무나 좋은 회사라는 것에는 나도 동감하지만, 일반 개인투자자들이 투자하기에 과연 적합한가에 대해서는 의문이 든다. 외국인이나 기관투자자들처럼 오랜 경험과 노하우가 있고 하루 종일 투자를 하며 투자를 업으로 하는 사람들은 이런 업종에 투자할 수 있다. 하지만 한 달에 한 시간도 공부하기 힘든, 본업이 따로 있는 개인투자자들이 이런 업종을 분석하고 발견한다는 것은 정말 어려운 일이다.

또 이런 성장성이 높은 회사를 고른다고 해도 성장 위주의 경영을 하던 기업들은 얼마 못 가서 구조조정 위주의 경영으로 전환하는 것을 보곤 한다. 지나친 투자는 기업을 파산하는 가장 중요한 이유가 되고 파산한 기업들은 대부분 고속성장을 하다가 추락하는데 이것은 과식하는 사람이 배탈 나는 것과 같다.

투자자들은 성장의 함정을 항상 조심해야 한다. 성장이 높은 회사는 투자가 많고 벌어들인 이익을 모두 투자에 사용해버려서 남는 것이 적다. 한편 투자자들이 미래 성장세에 대해 과도한 신뢰를 한 나머지 너무 높은 가격에 주식을 매수하게 되어 아주 실망스런 수익률이 나올 수 있다. 가장 빠른 경제 성장을 한 중국에 투자한 사람들의 저조한 투자실적은 성장의 함정을 단적으로 보여주는 사례다. '중국이 미국 된다'는 생각으로 2005년대 중반에 중국 주식이나 차이나 펀드에 투자했던 많은 사람들은 10년 넘게 원금도 회복하지 못한 채 속앓이를 하고 있다. 중국이 성장성이 높고 거대한 나라임에는 틀림이 없지만 주식으로 돈을 버는 것은 전혀 다른 이야기다. 또 투자자들이 중국에 대해 얼마나 알고 있는지를 묻는다면 참 무모한 투자였다는 것을 생각하게 만든다.

실제로 기업이 돈을 버는 것은 성장 단계가 아니라 구조조정을 하고 성장을 멈춘 안정 단계에 있을 때다. 이 단계에서 생산성을 높이고 비용절감을 통해 이익을 만들기 때문이다. 그리고 생산성 향상이나 비용절감의 과정에서 새로운 사업을 발견하곤 하는데 이런 신규 사업은 적은 투자로 실행할 수 있다. 워런 버핏이 항공회사에

나는 적금보다 5배 이상 버는 주식투자를 시작했다

관심을 갖지 않는 이유는 투자로 들어가는 돈이 많아서 주주에게 이익을 가져다주기 어렵기 때문이다. 버핏에게는 간단한 기계 설비로 콜라 음료를 만들어내는 코카콜라의 주식이 더 매력적으로 보인 것이다.

개인투자자들에게는 미래 성장을 판단하기 어려운 회사보다는 이미 안정적으로 돈을 벌고 있고 또 미래에도 큰 투자 없이 수익이 안정적으로 나는 회사에 투자하는 것이 좋다. 투자에 실패하는 이유는 성장에 대해서는 민감한 반면 수익성에 대해서는 무감각하기 때문이다. 투자에서는 수익이 아닌 성장에 대해 인내하는 편이 낫다. 주가는 실질 성장이 아니라 실질 성장과 기대 성장률의 차이에 의존하기 때문에 실질 성장을 예측하고 투자하는 것보다 성장에 대한 기대치가 낮지만 안정적인 기업의 주가가 폭락했을 때 투자하는 방식이 개인투자자들에게 유리한 방법이다.

싼
주식에
투자한다?

내가 보유하고 있는 종목에는 롯데그룹 주가가 자주 편입되곤 한다. 2011년경에는 롯데칠성에 투자했고 2014년부터는 롯데푸드를 매집했는데 사람들은 이렇게 말한다. "이 주식 비싸잖아요." 이렇게 말하는 사람들은 싼 주식을 찾는 사람들이다.

개인투자자들은 주가가 싼 주식을 좋아하는 경향이 있고 주가가 싸야 투자를 쉽게 하게 된다. 가령 100만 원을 가지고 있다면 1만원 하는 주식 100주와 100만 원 하는 주식 1주 중에 어떤 주식에 투자할까? 보통 사람들은 1만 원 하는 주식 100주를 취득하는데 그것은 1주보다 100주가 가져다주는 포만감이나 만족감이 크기 때문이다. 그러나 실제 투자수익이나 배당 등에서 주식 수는 큰 의미가 없고 그보다는 내가 투자한 투자금의 크기가 중요하다. 즉 100

만 원을 투자했다는 것이 중요하지 이것이 100주인지, 1주인지는 아무런 소용이 없다는 것이다.

오히려 100만 원짜리 주식이 1000원짜리 주식보다 좋은 경우가 흔하다. 1000원짜리 주식이 나쁜 주식일 가능성은 많지만 100만 원짜리 주식이 나쁜 주식인 경우는 거의 없다. 개인들은 주식을 살 때 싼 주식을 사는 반면 프로들은 주가를 보지 않고 가치를 본다. 대체로 주가가 비싼 주식이 가치도 높다.

이렇게 보통 개인투자자들이 주가가 싼 주식을 찾다 보니 회사들도 주식 매매를 활성화시키기 위해서 액면분할이라는 것을 한다. 액면분할은 주식 액면가액을 일정한 비율로 나눔으로써 주식 수를 증가시키는 것으로 회사 가치는 그대로이면서 주식 수만 증가시키기 때문에 주당 가격이 떨어지게 된다. 즉, 액면가액을 10분의 1로 분할하면 주식 수가 10배만큼 늘어나고 그러면 주가도 10분의 1로 떨어지게 된다. 주가가 떨어진 만큼 싼 주식을 좋아하는 일반 개인 투자자들이 주식을 매수할 가능성이 높아지고 수급 상황이 좋아져서 주가가 올라갈 가능성이 커진다는 것이 일반적이다.

반면 주당 가격을 일부러 높게 유지하려고 하는 회사도 있는데 일례로 워런 버핏이 운영하고 있는 버크셔헤서웨이 같은 회사는 한 주당 2억 원이 넘는다. 버크셔헤서웨이는 일반 회사들이 주로 사용하는 액면분할을 하지 않아서, 1주만 가지고 있어도 2억 원 이상의 부를 갖고 있는 것이다. 워런 버핏이 버크셔헤서웨이의 주당 가격을 이렇게 높게 유지하는 이유 중 하나는 건전한 투자자만을 주주로 모집하기 위해서다. 최소 2억 원 이상의 자금을 투자한 사람들로 장기적으로 함께 가는 주주를 모집하는 것이다. 단타매매를 노리고 들어오는 투기꾼들이 물을 흐리는 것을 막겠다는 의도인 셈이다.

오래
보유하는 것이
장기투자?

　　　　　　L은 노후자금을 대부분 주식에 넣어두고 있는
데 은퇴 후 국민연금으로만 생활하기 때문에 경제적 여유가 있는
편은 아니다. L은 1억 정도의 돈으로 LG전자와 현대로템을 샀다고
했다. 그런데 LG전자는 5년 동안 2000만 원 정도를 까먹었고 현대
로템은 30퍼센트가 떨어졌다고 했다. 내가 왜 LG전자에 투자했냐
고 물었더니 증권회사 지점장이 회사가 좋다고 추천해서 매수했다
고 했다. 현대로템은 왜 투자했냐고 했더니 이 또한 증권회사에서
철도 쪽 독점회사라고 추천을 받았다고 했다.

　　L이 처음 LG전자 주식을 샀던 2009년 당시 LG전자 순이익은
1~2조 원 정도 되었다. 그런데 최근 LG전자 실적을 보면 5년 전에
비해 순이익이 절반으로 줄어들었다. 2009년 LG전자 주가는 12만

원 수준인데 지금은 5만 원대 초반이니까 주가도 절반으로 줄었다. 그런데 사람들은 순이익이 줄어든 것은 모르고 주가가 과거에 12만 원이었는데 지금은 5만 원이니 싸다고 생각한다. 현대로템은 전년보다 이익이 70퍼센트나 줄었는데 주가는 30퍼센트밖에 안 떨어졌으니 사실 더 떨어질 수 있는데도 사람들은 실적은 못 보고 주가만 싸다고 한다. 코스피가 왜 이렇게 안 오르는가 답답해하는 분들이 많은데 이유는 간단하다. 실적이 떨어지고 있기 때문이다.

1년 후에 보니 L은 아직도 LG전자와 현대로템을 가지고 있었다. 작년에는 그래도 20~30퍼센트 정도의 손실을 본 상황이었는데 지금은 60퍼센트가 떨어진 상태였다. 1년이 지난 후에도 그는 회사에 대해 아는 것이 거의 없었다. 그는 조금 더 지켜보다가 원금 회복만 되면 팔겠다고 했다. 그러나 원금 회복은 어려워 보였고 손실 폭이 훨씬 더 커졌다. 나는 이렇게 말했다.

"LG전자와 현대로템이 나쁜 회사는 아니지만 일반 개인이 투자하기에는 너무 어려운 종목입니다. 회사를 파악하는 것이 어렵기 때문이죠. 지금 당장이라도 팔아서 쉽고 잘 아는 종목에 투자하는 게 좋으세요."

미래를 본다면 어차피 떨어진 주가 손실은 기회비용이고 앞으로 올라갈 종목에 투자하는 것이 이성적인 선택이었다. 그러나 그는 아직도 원금 회복에 대한 미련을 놓지 못하고 있었다. 이런 투자는 자기 실력이 아니라 운에 의지한 투자이기 때문에 앞으로 주가가 올라도 문제고 떨어져도 문제가 발생한다. 그래도 L은 원금을 아까워하며 계속 보유하겠다고 했다.

L은 사실 LG전자와 현대로템 주식을 사기 전에 한국전력 주식을 가지고 있었다. 그 주식을 팔고 LG전자로 갈아탄 것인데 팔고 나니 한국전력 주식은 엄청나게 오르고 LG전자는 크게 손실이 났다. 내가 한전을 왜 팔았냐고 물었더니 민영화 이야기로 시끄러워서 주가가 떨어질 것 같았기 때문이라고 했다. 나는 손실이 났더라도 지금 파는 게 어떻겠냐고 재차 물었지만, 여름에는 가전 성수기이니 기다렸다가 본전만 회복되면 팔겠다고 고집했다.

여름이 가전 성수기라 주가가 오르고, 증권회사에서 추천해서 안정적인 투자라면, 주식으로 돈을 잃는 사람은 아무도 없을 것이다. 주가라는 것은 그렇게 단순하게 움직이지 않는다. 내가 보기에 그분은 주식투자를 하기에는 무리가 있어 보였다. 회사에 대해 아는 것은 적고 언론과 증권사 말 한두 마디를 듣는 것이 전부였다.

주식에 장기투자해야 이익을 얻는다고 하는데 장기투자란 과연 무엇인가? 과연 오랫동안 보유하면 장기투자인가? 대우나 해태제과 같은 주식을 20년 전에 보유해서 지금 가지고 있다면 이익을 본 것일까? 장기간 보유했지만 줄을 잘못 서면 휴지조각이 되는 것이 주식이다. 보유기간이 길어지면 회사가 망할 확률이 더 높아지므로 손실 날 가능성도 동시에 늘어난다.

장기투자는 주식을 그냥 오랫동안 갖고 있는 것을 말하지는 않는다. 주변에는 손실 난 펀드나 주식을 들고 어쩔 수 없이 장기투자자가 되는 사람이 많다. 그래서 사람들은 장기투자에 대한 회의론을 들고 나오기도 한다. 틀린 말은 아니다. 장기투자를 하더라도 회사의 가치가 떨어지거나 사람들의 관심이 없어서 주가가 올라가지 않을 수 있다. 장기투자해도 회사가 망해버리면 주식은 휴지조각이 되어버린다.

장기투자가 반드시 성공을 보장하는 것은 아니다. 그러면 반대로 단타매매는 돈을 벌 수 있는가? 장기투자가 성공을 보장한다고 말할 수는 없지만, 단타매매는 반드시 손실을 가져온다고 말할 수 있다. 단타매매는 회사의 가치보다는 오로지 주가의 흐름만을 보면서 투자해야 하는 것이다. 하루 이틀 사이에 회사의 가치가 변동되는 것은 아니므로 주가의 변동성만 보고 투자해야 하는데 개인투자자들은 주가의 변동성을 예측할 수도 없을 뿐더러 주가를 움직일 힘이 있는 외국인이나 기관투자자들과 싸워서 절대 이길 수 없다.

주가는 단기적으로는 핫뉴스, 속보 등에 영향을 받는데 정확히 말하면 사건 그 자체보다 그 사건에 대중이 심리적으로 어떻게 반응하는지에 따라 움직인다. 반면 장기적으로 대중의 심리는 주가에 영향을 주지 않는다. 장기적으로 주가는 기업의 이익이나 성장 등이 결정적인 역할을 한다.

단기투자는 단기적인 시세에 민감하고 장기투자는 장기적인 회사의 가치를 보고 투자한다. 즉, 단기투자는 단기적 시세에 영향을 주는 핫이슈나 경제적 모멘텀 등을 보고, 장기투자는 기업 이익이나 성장, 산업을 본다. 단기투자는 투자자 심리를 기준으로 가격의 변동성을 판단하고, 장기투자는 자신이 투자한 회사의 실적을 보고 판단한다. 단기투자는 내가 이익을 보기 위해서는 누군가 손해를 봐야 하는 마이너스 게임이지만, 장기투자는 회사의 성장과 이익을 나누는 게임이므로 플러스 게임이고 모두가 이길 수 있는 게임이다.

그러므로 주식을 팔지 보유할지 판단하는 것은 앞으로 회사가 전망이 있는지 없는지에 따라야 한다. 과거에 투자한 원금을 생각하며 보유할지 팔지를 결정해서는 안 되는 것이다. 투자에서 본전은 잊어버려야 한다. 지나온 길보다 앞으로 갈 길이 더 중요하다. 오래 보유한다고 모두 장기투자는 아니다. 개인들 중에 장기투자자라고 하는 사람들은 그 회사의 가치를 믿고 보유하기보다는 손실이 많이 나서 팔지도 못하고 가지고 있는 경우처럼 의도하지 않은 장기투자자가 많다. 장기투자는 가치 있는 회사에 오랫동안 투자하는 것이다. 회사에 대한 확신이 없다면 지금 손실이 났건 이익이 났건 파는 것이 낫다. 잘 모르는 회사에서 버는 이익은 운으로 버는 것으로 그런 이익은 오히려 자만심을 키워 나중에 독이 되는 경우가 많다.

경제지식이
많아야
한다?

내가 주식투자에 입문했을 당시에는 경제전문가라는 생각으로 공부를 하면 투자에 많은 도움이 될 것이라고 생각했다. 나는 매일 경제신문 두 개를 포함해서 다섯 개의 일간지를 보면서 경제 관련 뉴스를 스크랩하고 내가 투자한 종목과 관련된 뉴스는 별도로 파일링을 만들어 보기 좋게 해두었다. 경제와 투자 관련 책도 꾸준히 읽으면서 매년 천 권의 책도 읽어왔다.

그러나 오랫동안 공부를 하면서 느낀 것은 경제에 대한 지식이 투자에 도움이 되기는 하지만 사람들이 생각하는 만큼 중요한 요소는 아니라는 것이다. 모르는 것보다 아는 것이 낫고, 경제에 대해 공부를 하는 것이 분명 도움은 되지만 그렇다고 투자에 절대적으로 영향을 미치는 요소는 아니었다. 또 하루 몇 시간씩 투자하기에는 본업이 있는 직장인이나 개인투자자들에게는 어려운 일이라는 한계점도 있었다.

몇 년 전 동서 주가가 일주일 동안 20퍼센트 정도 오른 적이 있었다. 그러니 다음 날 경제 신문에 동서에 대한 기사가 나왔다. 'IR 한 번 안 한 동서에 기관투자자가 관심 왜?'라는 제목이었다. 기사를 쓴 기자는 동서의 상승 이유를 두 가지로 꼽았다. 지난 몇 년간 이어온 고배당 기조와 다음 달 실시될 제품의 가격 인상이었다. 사내 유보금 과세 정책에 따라 최근 배당주들이 급등하고 있다는 것을 아는 사람은 앞으로 동서 주가도 오를 것이라고 생각할 것이다. 이런 뉴스를 보고 사람들은 나에게 "지금 동서에 들어가도 되겠냐?"라고 물었다. 동서 주가가 올라갈 것이라는 믿음은 변함이 없지만 지금 들어가도 되겠느냐고 묻는 사람에게는 나는 확답을 주지 못했다.

기존에 투자했다면 보유해야 하지만 아직 투자하지 않았다면 공부하는 시간으로 생각하라고 했다. 왜냐하면 이런 호재를 보고 투자하는 사람은 또 다른 악재가 터지면 전전긍긍할 것이기 때문이다. 회사 자체의 문제라기보다는 그 투자자의 마인드에 대해 불확실하기 때문에 내가 확답을 주지 못한 것이다. 동서는 과거 10년 이상 고배당을 해왔다. 동서가 제품 가격을 올린 것도 그때가 처음이 아니라 매년 꾸준히 해오던 일이다. 그런데 왜 하필 그때 주가가 오른 것일까? 사실 나도 주가가 오르는 이유는 잘 모른다. 그러니 배당과 가격 인상 때문에 주가가 올랐다는 기사는 맞지 않을뿐더러 이런 기사를 보고 투자하는 개인투자자들이 나는 안타깝다.

그러면 도대체 주가를 움직이는 요소는 무엇이란 말인가? 주가를 움직이는 요소는 하늘의 별보다 많은데, 그것은 주가가 사람들의 심리적인 요인에 따라서 움직이기 때문이다. 모든 가격은 수요와 공급의 원리에 따라 결정되고 이 수요와 공급은 수많은 사람들의 생각에 따라 결정된다. 그런데 사람의 마음이란 것은 도무지 예측할 수가 없는 영역이다. 똑같은 상황에 대해서도 과거에는 이렇게 반응했지만 이번에는 전혀 다르게 반응해버린다. 그래서 가격이 오르는 이유에 대해 딱히 뭐라고 설명할 수 없는 것이다.

가령 미국이 기준금리를 인상하면 이는 주가에 어떤 영향을 미칠까? 경제 원리대로라면 기준금리 인상은 현금이나 금융상품에 대한 매력을 높이기 때문에 주식투자자들이 주식을 팔아 은행으로 돈을 넣어둘 가능성이 있고 그에 따라 주식에 있던 자금이 유출되어 주가는 하락할 것으로 본다. 그러나 실제 기준금리 인상이 확정되자 오히려 주가는 올랐다.

회사 실적과 주가도 마찬가지다. 실적이 30퍼센트 오를 것이라고 생각했는데 예상보다 적은 10퍼센트 오른다면 주가는 오히려 떨어져버린다. 10퍼센트 오른 것도 실적이 오른 것이므로 그만큼 주가는 상승해야 할 것 같은데 기대치보다 상승률이 낮으면 주가가 떨어져버리는 것이다. 실적이 나쁠 경우도 마찬가지다. 2015년 빙그레를 보면 실적은 4퍼센트 정도 하락했는데 주가는 20퍼센트가 하락했다. 실적과 주가가 일치한다면 실적이 하락한 만큼만 주가가 떨어져야 하는데 실제로는 그렇게 움직이지 않는 것이다. 지금은 실적이 4퍼센트 하락했지만 앞으로 더 하락할 거라고 사람들이 생각했기 때문이다. 혹은 실적이 좋을 거라고 기대했는데 예상과 달리 4퍼센트 하락으로 나와서 기대치와의 차이만큼 주가가 하락한 것일 수도 있다.

　나도 투자 초창기에 경제지식과 주가의 상관관계에 대해 부단히 연구했다. 대략 이런 내용들이다. 경기가 좋아지면 기업 실적이 좋아지기 때문에 주가는 상승하고, 경기가 하락하면 기업 실적이 나빠져서 주가는 하락한다. 그런데 주가는 경기보다 더 앞서가는 경우가 많다. 즉, 주가는 경기의 선행지표이며, 대략 6개월 정도 선행한다. 한편 금리와 주가는 반대로 움직인다. 금리가 올라가면 기업 입장에서 금융비용이 올라가서 기업 실적이 줄어들고 주가도 내려가는 반면, 금리가 내려가면 금융비용이 줄어들어 기업의 실적이 높아지므로 주가는 올라간다. 통화량이 늘어나면 돈 가치가 떨어져서 금리가 내려가고 통화량이 줄어들면 금리가 올라가므로 통화량과 기업 실적은 비례한다. 환율이 인상(원화가치 하락)하면 수출기업은 경쟁력이 높아져서 주가가 올라가고 수입하는 기업은 수입 원가가 높아져서 이익이 줄어드므로 주가가 내려간다. 국제유가와 원자재 가격이 올라가면 기업의 비용이 늘어나서 주가가 떨어진다.

　이렇게 경제 분석을 하면서 주가가 어떻게 변동될 것인지 이야기하곤 했다. 그러면 주식 공부를 하는 사람들은 이런 경제 분석에 귀를 쫑긋 세우고 부러운 듯 바라본다. 그리고 나처럼 경제 공부를 하면 투자를 잘할 것으로 생각한다. 물론 아주 틀린 말은 아니지만, 경제 공부를 하면 항상 투자를 잘한다는 건 사실이 아니다. 만약 그 말이 사실이라면 경제학자들이 투자에서 늘 성공해야 하겠지만 실제로 투자에 큰 성공을 거둔 사람들 중에 경제학자는 거의 없다. 그것은 주가가 이론대로 움직이지 않는 것을 반증한다.

그래서 지금의 나는 내가 공부한 이론들을 실제 투자에는 거의 사용하지 않는다. 또 경제 이론을 가지고 주가를 말하는 전문가들이 있으면 나는 그들에게 묻곤 한다. "지금 이런 경제지표가 있는데 이것이 주가에 반영이 되었는지 알 수 있나요? 또 반영이 되었다면 어느 지표까지 반영이 되었을까요?"

내가 이런 질문을 하는 이유는 답을 얻기 위해서가 아니다. 어느 누구도 여기에 정답을 말할 수 없다는 것을 증명하기 위해서 질문하는 것이다. 경제지표가 좋은데도 주가가 올라가지 않으면 경제전문가라는 사람들은 경제지표가 이미 주가에 반영되어 있어서 그렇다고 한다. 또 지표가 나쁘거나 국가부도 사태 등의 이슈가 불거지는데도 주가가 떨어지지 않으면 경제전문가들은 이러한 위험 요소들에 대해 학습효과가 생겨서 그렇다거나 불안요소가 해소되었다고 한다.

결국 경제전문가들도 경제지표를 통해 주가를 예측하지 못하고 주가가 올라갔느냐 떨어졌느냐에 대한 해명을 하는 것이 전부다. 경제 뉴스들을 보아도 미래를 예측하는 기사는 없고 또 설령 있다 하더라도 예측하는 기사가 맞지도 않는다. 그저 주가가 오르거나 내리고 나서 그것을 설명하는 기사들이 있을 뿐이다. 결국 뉴스도 결과를 보고 쓰는 것이기 때문이다.

주가는 경제원리대로 움직이는 것이 아니라 그 상황을 투자자들이 어떻게 보고 있는가에 따라 달라지기 때문에 주가와 경제를 논리적으로 설명하기는 어렵다. 경제지식이나 경제 뉴스가 투자에 참고자료가 되기는 하지만, 오히려 지식이 주식투자의 발목을 잡을 수도 있다. 일반 사람들이 투자에서 실패하는 이유 중 하나가 이런 정보만을 가지고 투자를 하기 때문이다. 정보를 무시하고 투자하는 것도 주식투자에 실패하는 요소지만 정보만을 믿고 투자하는 것은 더 큰 위험을 가져올 수 있다. 경제지식은 참고사항이지 투자에 절대적으로 필요한 사항은 아니다.

10여 년 전 주식시장이 한창 좋을 때 나는 주식투자 모임을 만들었다. 실제 돈을 모아서 무엇을 한다기보다는 공부하는 모임에 가까웠다. 투자에 관심 있는 사람들에게 내가 알고 있는 지식을 공유하고 좋은 교육을 받는 것으로 가볍게 시작했다. 투자 모임을 하고 있다는 소문이 나자 은행 직원이 20억 정도를 투자하는 자신의 친구를 소개시켜주었다. 20년 정도 투자를 한 전업투자자인데 주식으로 결혼도 하고 집도 사고 돈도 모았다는 것이다. 20억 정도면 상당히 큰돈이었고 그것도 주식으로 그렇게 모았다는 사실에 나는 그를 경외감을 가지고 보고 있었다. 한번은 그분을 투자 공부에 초대해 함께 투자와 관련된 동영상을 보고 있었는데 갑자기 그가 중간에 자리를 떴다. 그리고 한 시간쯤 후 그로부터 문자가 왔다. '미국에서 큰 사건이 터질 것 같습니다. 이제 주식은 끝났습니다.'

나는 그때 그것이 무슨 말인지 이해하지 못했다. 그리고 얼마 후 서브프라임이 터졌다는 뉴스가 나왔다. 나는 그와 많은 이야기를 하지 못했지만 서브프라임을 예측할 정도로 대단한 실력자였다는 것에 놀랐다. 한편으로는 내가 어디까지 공부해야 그 정도 실력이 될 수 있을지 막막하기도 했다. 이 정도 실력에 사람들을 모아놓고 주식이란 무엇이고, 투자란 무엇인가 하는 이야기를 한다는 자체가 경솔했던 행동이었다.

그 이후 나는 20억 투자를 하는 그처럼 서브프라임을 맞출 정도의 실력을 갖추기 위해 노력했다. 서브프라임 같은 금융위기를 미리 예측할 수만 있다면 얼마나 돈을 벌기가 쉬울 것인가 하는 생각이 들었다. 그래서 경제 예측서들을 섭렵하기 시작했다. 책과 신문을 보면 무수한 경제지표가 나오는데 이런 지표들이 경제 예측을 하는 데 도움이 될 것이라고 믿었다. 경제 이상 징후를 예측하는 데 가장 좋은 지표를 발견하여 그 지표를 자세히 들여다보면 미래 경제를 예측할 수 있을 것이라는 생각이었다.

그러나 이러한 지표들을 분석하면서 내가 깨달은 사실은 지표

나는 적금보다 5배 이상 버는 주식투자를 시작했다

를 분석하여 미래를 예측하는 것은 쓸데없는 노력이라는 것이었다. 최고의 경제 분석 전문가라는 사람들의 예측도 거의 맞지 않았다. 고장 난 시계도 하루에 두 번은 맞는 것처럼 여러 개를 예측했다가 어쩌다 하나 큰 것이 맞아서 유명인사가 된 사람들뿐이었다. 서브프라임을 예측했던 그 전업투자자가 그 당시는 예측을 했겠지만, 그 이후 주식 가치는 또 올랐으므로 '주식은 끝났다'는 그의 예측도 결국엔 맞지 않은 것이다.

경제 공부를 아무리 많이 해도 미래 예측을 하는 투자는 현실적으로 불가능한 일이다. 그러나 미래 예측이 불가능하다면 미래가 어떻게 되든 그에 대한 준비를 하면 되고 그러면 불확실성에 대한 리스크를 상당 부분 줄일 수 있다. 리스크는 없애는 것이 아니라 관리하는 것이라는 생각이다.

전문가들이 자주 말하는 투자 원칙이 "금융위기 때 투자하라"는 것이다. 우리나라가 망하지 않는다는 믿음만 있다면 결국 금융위기는 극복될 것이기 때문에 주가가 폭락한 금융위기 때 투자해 위기를 극복한 이후에 팔면 충분히 승산이 있다. 그러니 미래를 예측하지 말고 위기가 왔을 때 투자하는 방식으로 가면 된다. 개인투자자들은 주식 공부의 방향을 잘 잡아야 한다. 적은 시간을 투자해서 합리적인 수익률을 얻는 것이 중요하다. 거시경제에 대한 공부는 원론적인 수준에서 끝내도 된다. 세계 경제나 환율, 금리 등의 공부도 기초 상식 수준이면 충분하다.

투자 공부를 위한
독서록

1. 『부자 아빠 가난한 아빠』, 로버트 기요사키

■ 가난한 아빠 VS 부자 아빠의 조언 : (가난한 아빠) 돈을 좋아하는 것은 모든 악의 근원이다. 공부 열심히 해서 좋은 직장을 구해야 한다. 돈은 안전하게 사용하고 위험은 피해라. 똑똑한 사람이 되어야 한다. (부자 아빠) 돈이 부족한 것은 모든 악의 근원이다. 공부 열심히 해서 좋은 회사를 차려야 한다. 무엇보다 위험을 관리하는 법을 배워라. 네가 똑똑한 사람을 고용해야 한다.

■ 자산과 부채 개념 : ① 부자는 자산을 산다. 가난한 사람들은 지출만 한다. 중산층은 부채를 사면서 자산이라고 생각한다. ② 자산은 주머니에 돈을 넣는 어떤 것이다. 부채는 주머니에서 돈을 빼내는 어떤 것이다.

■ 왜 소비자들은 늘 가난한가? : ① 슈퍼마켓에서 화장지를 세일하면, 소비자들은 마구 산다. 그런데 주식 시세가 하락할 때, 대부분의 사람들은 붕괴나 조정을 예측하면서 그곳에서 도망을 친다.

② 슈퍼마켓에서 가격을 올리면, 사람들은 다른 곳에서 쇼핑한다. 하지만 주식 시세가 상승할 때, 사람들은 사기 시작한다.

2. 『한국의 젊은 부자들』, 박용석

■ 돈보다 시간을 가져야 부자가 될 수 있다.

■ 저축은 수비, 투자는 공격이다. 수십 억 이상의 재산가들인 젊은 부자들은 오늘도 꾸준히 저축을 하고 있다.

■ 좋은 주식은 묻어두어라. 주식투자는 사고팔면서 돈을 버는 것이 아니다. 주식투자는 '소유'를 통해서 돈을 버는 것이다.

3. 『화폐 전쟁』, 쑹훙빙

전쟁을 하려면 돈이 필요하다. 규모가 큰 전쟁일수록 더 많은 돈이 들어가는 것은 당연하다. 문제는 누가 누구의 돈을 쓰는가 하는 것이다. 화폐발행 권한이 없는 유럽과 미국 정부는 은행가에게 돈을 빌릴 수밖에 없다. 그래서 전쟁은 은행재벌이 가장 좋아하는 호재다. 그들은 전쟁을 책동하고 부추기며, 전쟁에 자금을 지원한다. 국제 금융재벌들의 호화로운 건물은 무수한 주검과 폐허 위에 지어진 것이다. 국제 금융재벌이 큰돈을 벌 수 있는 수단의 하나로 경제 불황의 조작이 있다. 그들은 먼저 신용대출을 확대함으로써 경제적 거품을 조장하고, 사람들로 하여금 투기에 집중하게 한다. 그런 다음 통화량을 갑자기 줄여 경제 불황과 재산 가치의 폭락을 유도한다.

그리고 우량 자산의 가격이 정상가의 10분의 1, 심지어 100분의 1까지 폭락하기를 기다렸다 갑자기 나서서 말도 안 되는 싼 가격에 사들이는 것이다. 이를 가리켜 국제 금융재벌들끼리 통하는 전문 용어로 '양털 깎기(fleecing of the flock)'라고 한다. 사유 중앙은행이 설립된 이후 양털 깎기는 규모 면에서 사상 최고에 달했다. 가장 최근의 양털 깎기 행위는 1997년에 아시아의 '네 마리 작은 용'을 상대로 일어났다.

4. 『돈』, 보도 섀퍼

'10억 원'이라는 첫 번째 목표를 달성하는 4단계 전략은 다음과 같다. 1단계, 일정한 비율의 돈을 저축한다. 2단계, 저축한 돈을 투자한다. 3단계, 수입이 늘어난다. 4단계, 그렇게 늘어난 수입의 일정 비율을 저축한다. 이것만 제대로 실천하면 당신이 지금 서 있는 위치가 어디든, 15년에서 20년 사이에 7억 원(연 수익률 10퍼센트 정도)의 재산을 손에 쥘 수 있다. 이 목표가 너무 약소하다고 느낀다면, 그래서 좀 더 빨리, 예를 들어 늦어도 7년 안에 10억 원(연 20~30퍼센트 정도)을 모으겠다는 생각이 있다면, 이 책에 소개되는 전략을 가능한 한 많이 활용해야 한다.

5. 『현명한 투자자』, 벤저민 그레이엄

■ 투자자와 투기꾼을 실질적으로 구분할 수 있는 기준은 증시 변동에 대한 태도라고 할 수 있다. 투기꾼은 시장 변동을 예측하고 그로부터 이익을 얻는 데 모든 관심을 기울이고, 투자자는 적정 가격에 적절한 종목을 보유하는 데 관심을 둔다.

■ 증시 전체가 잘못된 전망에 휩쓸려 있을 때 천재적인 한 투자자가 정확한 예측을 하여 막대한 수익을 얻을 수도 있지만, 이는 단지 가정일 뿐이다. 장기적인 미래 수익을 예측하는 것을 업으로 하는 애널리스트들을 능가하는 통찰력과 예측 능력을 갖춘 투자자가 과연 몇이나 되겠는가? 그러므로 시장의 평균 수익률보다 높은 수익을 꾸준히 얻고 싶어 하는 투자자는 본질적으로 건전하고 유망하지만 증시에서 인기가 없는 주식들을 선택하는 투자 전략을 따라야 한다.

6. 『전설로 떠나는 월가의 영웅』, 피터 린치

■ 사람들이 부동산 시장에서는 돈을 벌고 주식시장에서는 돈을 잃는 것도 당연하다. 이들은 집을 고르는 데는 몇 달을 들이지만, 주식을 고르는 데는 몇 분만 들인다. 사실 이들은 좋은 종목을 고르는 시간보다 좋은 전자레인지를 고르는 데 더 많은 시간을 소비한다.

■ 어떤 사람들은 자신이 '장기투자자'라고 생각하지만, 시장이 폭락하면(또는 조금만 오르면) 그 시점에 단기투자자로 돌변하여 커다란 손

실을 입은 채(또는 푼돈을 벌고) 주식을 모두 팔아버린다. 최근 내가 읽은 자료에 의하면 일반적으로 주가는 1년 동안 평균 50퍼센트 오르내린다. 분명히 금세기 내내 이런 현상이 실제로 벌어진 것이다. 그렇다면 지금 50달러에 거래되는 주식은 앞으로 12개월 동안 60달러까지 오르거나 40달러까지 떨어질 수 있다는 뜻이다. 다시 말해서 그 해의 고점(60달러)이 저점(40달러)보다 50퍼센트 높다는 말이다. 만일 당신이 참지 못하고 50달러에 주식을 매수하고, 60달러에 추가로 매수한 뒤("거봐, 내 예상대로 오르잖아"), 절망에 빠져 40달러에 모두 팔아버리는("아닌가 봐, 망할 놈이 내려가네") 유형의 투자자라면, 투자 서적을 아무리 읽어도 당신에게는 소용이 없을 것이다.

■ 주식을 엄청나게 헐값에 살 수 있는 기간이 있다. 몇 년마다 주식시장에서 발생하는 붕괴, 폭락, 거품붕괴, 일시적 하락, 대폭락 기간이다. '매도'하려는 본능을 억누르고 용기를 발휘하여 이 무서운 상황에서 주식을 매입한다면, 다시는 보지 못할 기막힌 기회를 잡을 것이다. 전문가들은 너무 바쁘거나 제약이 많아 폭락장에 신속하게 대응하지 못한다. 하지만 최근 폭락에서 이익 성장이 뛰어난 건실한 회사들을 싸게 살 수도 있었다.

7. 『광기, 패닉, 붕괴 금융위기의 역사』, 찰스 P. 킨들버거 외

■ 투기는 보통 두 단계로 전개된다. 들뜨지 않은 첫 번째 단계에서

가계와 기업, 투자자들은 충격에 대해 절제되고 합리적인 방식으로 대응한다. 두 번째 단계로 접어들면, 자본이득에 대한 예상이 이들의 거래를 좌우하는 지배력이 갈수록 증폭된다.

- 처음의 입맛은 고금리이지만 이 입맛은 조만간 부차적인 것으로 변하고, 매수한 투자 대상 자체를 매도해 챙길 수 있는 큰 이득에 대한 두 번째 욕구가 생겨난다. 1830년대 미국에서 투자자들은 처음에는 고가의 면화를 경작하기 위한 농지를 확대하기 위해 땅을 매입했다(토지를 '소비'). 그 후 이들은 다른 사람들에게 땅을 되팔아 실현할 수 있는 예상 자본이득 때문에 땅을 샀다(토지에 '투기').
- 거품은 항상 터지기 마련이다. 거품은 그 의미 자체로 지탱할 수 없는 가격변동이나 현금흐름을 동반하기 때문이다.

8. 『국부론』, 애덤 스미스

사실 그는 공공의 이익을 증진시키려 의도하지도 않고, 공공의 이익을 그가 얼마나 촉진하는지도 모른다. 자신의 노동 생산물이 최대의 가치를 갖도록 그 노동을 이끈 것은 오로지 자기 자신의 이익을 위해서다. 이 경우 그는 보이지 않는 손에 이끌려서 그가 전혀 의도하지 않았던 목적을 달성하게 된다. 그가 자기 자신의 이익을 추구함으로써 흔히, 그 자신이 진실로 사회의 이익을 증진시키려고 의도하는 경우보다 더욱 효과적으로 그것을 증진시킨다.

9. 『21세기 자본』, 토마 피케티

불안정을 초래하는 주된 힘은, 민간자본의 수익률 r이 장기간에 걸쳐 소득과 생산의 성장률 g를 크게 웃돈다는 사실과 관련이 있다. r 〉 g라는 부등식은 과거에 축적된 부가 생산과 임금보다 더 빨리 증가한다는 것을 의미한다. 이 부등식은 근본적인 논리적 모순을 드러낸다. 기업가는 필연적으로 자본소득가가 되는 경향이 있으며, 자신의 노동력밖에 가진 게 없다는 이들에 대해 갈수록 더 지배적인 위치를 차지한다. 자본은 한번 형성되면 생산 증가보다 더 빠르게 스스로를 재생산한다. 과거가 미래를 먹어치우는 것이다.

10. 『스노우볼』, 앨리스 슈레더

워런이 아홉 살 되던 해 겨울, 바깥에는 눈이 내리고 워런은 누이동생 버티와 함께 마당에서 논다. 워런은 눈송이를 손으로 잡는다. 그러다가 손으로 한 움큼 눈을 뭉친다. 점점 더 많은 눈을 붙인다. 제법 큰 공 모양의 눈뭉치가 된다. 소년은 이제 이걸 땅에 내려 놓고 굴리기 시작한다. 눈뭉치는 눈덩이가 되고, 이 눈덩이는 점점 더 커진다. 신이 난 소년은 마당을 가로질러 눈덩이를 굴리고, 눈덩이는 더욱 커진다. 이윽고 눈덩이는 소년의 집 마당 끝에 다다른다. 잠시 망설이던 소년은 마침내 결심을 하고 이웃집 마당으로 눈덩이를 밀고 간다.

워런은 계속 눈덩이를 밀었고, 이제 그의 시선은 눈이 덮인 온 세상을 향했다.

11. 『돈, 뜨겁게 사랑하고 차갑게 다루어라(1권)』 『투자는 심리게임이다(2권)』 『실전 투자강의(3권)』, 앙드레 코스톨라니

■ 1권: 나는 백만장자를 자기 자본을 가지고 자기가 원하는 바를 행하는 데 있어 그 누구의 간섭도 받지 않는 사람이라고 정의하고 싶다. 그는 애써 일할 필요가 없으며 사장이나 고객에게 굽실거릴 필요도 없다. 또한 자기와 맞지 않는 것에 맞추어가며 살아야 하는 불편함 없이 자신의 호사스러움을 즐길 수 있다. 그렇게 사는 사람이 진정한 백만장자다. 어떤 사람은 살아가는 데 50만 달러가 필요하고, 또 어떤 사람은 500만 달러가 필요하다. 이것은 개인적인 성향과 그에게 주어진 의무에 따라 다르다.

■ 2권: 내 견해로는 다음의 두 가지 기본요소들이 증권시장의 시세를 결정짓는다. 그 나머지 요소들은 결국 이 두 가지 요소에 포함된다. 첫째, 통화량과 신주 발행. 둘째, 심리적 요소(낙관주의 또는 비관주의 등), 즉 미래에 대한 예측.

■ 3권: 주가는 기대하는 것처럼 진행되지 않는다. 증권시장은 변덕스럽고 예측이 불가능하다. 수많은 사건이 생겼다가 사라진다. 어떤 사건이 일어날지 예측하는 것만으로는 안 된다. 대중이 어떻게

반응할지를 알아야 한다. 이는 결코 쉬운 일이 아니다.

12.『제러미 시겔 투자의 미래』, 제러미 시겔

■ 우유를 얻기 위해선 젖소를, 달걀을 얻기 위해선 암탉을, 그리고 배당을 얻기 위해선 주식을. 과일을 얻기 위해선 과수원을, 꿀을 얻기 위해선 꿀벌을, 그리고 배당을 얻기 위해선…그래도 주식을. 결국 배당지급은 투자자들이 기업의 순이익이 사실임을 알게 해주는 방법이다.

■ 필립 모리스(담배 회사)의 뛰어난 수익률은 아주 중요한 투자 원칙을 보여준다. 중요한 것은 순이익의 성장률이 아니라 시장 기대치에 대비한 순이익의 성장이라는 것이다. 투자자들이 필립 모리스의 잠재 부채 부담 때문에 성장률에 대한 기대치가 낮았던 것이다. 그러나 필립 모리스는 꾸준히 성장했다. 고성장, 고배당과 결합된 낮은 기대치는 높은 투자수익률을 달성할 수 있는 완벽한 환경을 제공한다.

13.『심리투자 법칙』, 알렉산더 엘더

의자가 넘어지지 않으려면 세 개의 다리가 필요하다. 바로 건전하고 독립적인 심리, 논리적인 트레이딩 시스템, 적절한 자금 관리 계획이다. 반드시 확정된 규칙에 의거하여 매매하라.

14. 『부자사전』, 허영만

■ 신문에서 불황이라고 떠들 때 주식을 사면 대개는 타이밍이 맞습니다. 개인들이 주식시장에 대거 몰리면 꼭대기에 온 것이고 빚 얻어서 투자하는 개인이 늘기 시작하면 내리막이 시작됐다는 것입니다.

■ 부자들은 경기 회복 전에 주식에 투자하고 개인들은 신문에 '주식시장 활황'이라는 기사가 나온 뒤에야 투자를 한다.

15. 『위대한 기업에 투자하라』, 필립 피셔

주식을 매수할 때 해야 할 일을 정확히 했다면 그 주식을 팔아야 할 시점은 거의 영원히 찾아오지 않을 것이다.

16. 『존 템플턴의 가치투자 전략』, 로렌 템플턴, 스콧 필립스

강세장은 비관 속에서 태어나 회의 속에서 자라며, 낙관 속에서 성숙해 행복 속에서 죽는다.

에필로그

주주라는
직업은
매력적이다

얼마 전 나는 영화를 좋아하는 사람들과 만났
다. 영화감독이나 영화 배급과 관련된 일을 하는 사람들이었다. 그
들은 영화를 너무 좋아하면서도 영화로 돈을 번다는 것에는 회의적
이었다. 내 사촌동생도 영화판에서 꽤 유명한 감독이다. 오래 전에
만들었던 「주유소 습격사건」부터 「베를린」, 「검사외전」 등 흥행했던
영화들을 만들었다. 영화업계에서 상당히 유명하고 성공가도를 달
렸다고 인정받지만 그가 가진 돈은 별로 없다. 영화가 성공하면 감
독도 돈을 벌어야 할 것 같은데 그렇지 않은 경우가 많다. 그 이유
는 흥행에 성공해도 돈은 대부분 투자자가 가져가기 때문이다.

이것이 자본주의의 구조다. 가난한 사람은 돈을 벌기 위해 일을
하고 부자는 돈이 자신을 위해 일하게 만든다. 돈을 벌려면 영화를

나는 적금보다 5배 이상 버는 주식투자를 시작했다

만드는 것보다 영화를 잘 만드는 사람에게 투자를 하는 것이 더 낫고 장사를 하는 것보다 장사를 잘하는 사람에게 투자를 하는 것이 더 낫다. 그런데 영화를 잘 만드는 사람이나 장사를 잘하는 사람을 찾는 것이 쉽지 않다. 다행스러운 것은 나를 대신해서 이런 일을 해주는 회사가 많이 있고 그중에서도 괜찮은 회사만 골라놓은 곳이 코스피와 코스닥 시장이다. 우리는 그 회사의 주식을 사기만 하면 된다.

나는 회계사, 작가, 강연가, 주주라는 4개의 직업을 가지고 있다. 매년 수입을 정산해보면 역시 주주라는 직업은 나를 배신하지 않는다. 내가 주주가 되려고 결심한 계기는 아이들이 커가면서였다.

첫째 아이가 태어났을 때만 해도 나는 가정에 전혀 도움이 안 되는 아빠였다. 예림이가 태어나자마자 제주에 내려와서 내 사업을 시작했는데 당시에는 가족보다 사업을 안정시키는 것이 중요했다. 육지인이 낯선 섬에서 사업을 안정시키기 위해서는 발로 열심히 뛰는 것밖에 없었고 그래서 매일 새벽까지 각종 모임과 사람 만나는 일을 위해 술과 골프로 시간을 보내고 있었다.

1년이 지나니 사업은 궤도에 올라섰고 제주에서 최고의 자리까지 올라설 수 있었다. 그런데 문제는 그다음부터였다. 이렇게 사업을 하다가는 10년도 안 되어서 죽을 것 같았다. 술과 각종 모임으로 만든 비즈니스는 계속해서 술과 모임에 투자해야 고객이 유지될 수 있었다.

언젠가부터 나는 '이렇게 사업 키우고 돈 벌어서 무엇을 할까?' 하는 고민이 생겼다. 둘째 현빈이가 태어나고 나는 술과 골프를 끊었다. 모든 모임을 없애고 저녁과 주말이면 가족과 지내기로 마음먹었다. 그러자 사업이 걱정되기 시작했다. 나보다 주변에서 더욱 걱정을 했다. 사업하는 사람이 술도 안 먹고 모임도 안 하면 어떻게 사업할 거냐는 거였다. 나는 '시스템'이 필요하다는 생각을 했다. 내가 없어도 사업이 돌아가도록 해주는 시스템을 만들기 시작한 것이다.

아이들 때문에 이 시스템 완성이 더 급해졌다. 자녀교육에 열정적인 아내는 분명 아이들이 커가면서 교육을 시킨다고 외국에 데리고 나갈 것인데 나는 기러기 아빠가 되고 싶지 않았다. 한국에서 영어학원을 운영하는 캐나다인 친구 K는 한국 여자와 결혼해서 두 명의 아이가 있는데 부인이 아이들만 데리고 캐나다로 유학 간다고 해서 걱정이 태산이었다. 캐나다인 K는 가족들을 캐나다로 보내고 자신은 한국에 혼자 남는 기러기 아빠가 될 운명에 처해 있었다. 나는 그렇게 되고 싶지 않아서 가족들과 함께 유학 가는 목표를 세웠다. 그러려면 내가 없어도 회사가 운영되는 시스템을 만들어놓아야 했다.

이렇게 준비한 시스템은 우리 회사가 나 없이도 잘 돌아가도록 체계를 갖추게 된 원동력이 되었고 내가 하고 싶은 것을 하게 만들어주는 원동력이 되었다. 사람들은 내가 회계사고 사장이니까 가능한 것 아니냐고 말하기도 하지만, 주변에 회계사이고 사장인 사람도 매일 일에 매달려 사는 사람이 대부분이다. 나는 주식투자라는 시스템을 잘 만들어놓은 덕분에 그렇게 할 수 있는 것이다. 주식투자는 내가 돈을 위해 일하는 것이 아니라 돈이 나를 위해서 일하는 시스템인 셈이다.

우리 회사는 컨설팅 회사지만 투자가 하나의 사업 부문으로 되어 있다. 투자수입이 적은 달은 컨설팅을 많이 해야 하기 때문에 몸이 힘들어지고 직원들은 부담감을 갖는다. 투자수입이 많은 달은 컨설팅 일을 조금 적게 해도 목표를 달성할 수 있다. 이를 통해 우리는 투자수입이 얼마나 우리의 시간을 여유롭게 만들어주는지 느끼고 있다.

투자는 노동으로 돈을 버는 것이 아니라 자본으로 돈을 버는 시스템을 가능하게 한다. 나의 중장기 목표는 배당으로 월급을 주는 것이다. 우리 회사의 사업에서 몸으로 일해서 버는 수입을 줄이고 투자로 버는 수입의 비중을 늘리면 배당만으로 월급 주는 것이 가능해질 것 같다. 그러면 위험은 많고 부가가치는 낮아 하고 싶지 않은 컨설팅은 안 할 수 있다.

나는 10년 이상을 투자하는 동안 안정성을 최우선으로 생각하면서도 연간 10~20퍼센트 수익률을 달성해왔다. 무엇보다 본업이 있기 때문에 투자에 많은 시간을 쏟지 않을 수 있었고, 주가가 오르거나 내리거나 크게 동요하지 않고 투자를 해왔다. 개인투자자들이 주가의 움직임에 일희일비하지 않고 행복한 투자를 하는 데 내 투자 방식이 조금이라도 도움이 되었으면 하는 바람이다.

에필로그

나는 적금보다 5배 이상 버는 주식투자를 시작했다

초판 1쇄 발행 2016년 11월 10일
초판 6쇄 발행 2021년 8월 4일

지은이 손봉석
펴낸이 김선식

경영총괄 김은영
콘텐츠사업1팀장 임보윤 **콘텐츠사업1팀** 윤유정, 한다혜, 성기병, 문주연
마케팅본부장 이주화 **마케팅2팀** 권장규, 이고은, 김지우
미디어홍보본부장 정명찬
홍보팀 안지혜, 김재선, 이소영, 김은지, 박재연, 오수미, 이예주
뉴미디어팀 김선욱, 허지호, 염아라, 김혜원, 이수인, 임유나, 배한진, 석찬미
저작권팀 한승빈, 김재원
경영관리본부 허대우, 하미선, 박상민, 권송이, 김민아, 윤이경, 이소희, 이우철, 김재경, 최완규, 이지우, 김혜진

펴낸곳 다산북스 **출판등록** 2005년 12월 23일 제313-2005-00277호
주소 경기도 파주시 회동길 490
전화 02-702-1724 **팩스** 02-703-2219 **이메일** dasanbooks@dasanbooks.com
홈페이지 www.dasan.group **블로그** blog.naver.com/dasan_books
종이 (주)한솔피앤에스 **출력 · 인쇄** (주)북토리

ISBN 979-11-306-1031-3 (03320)

다산북스(DASANBOOKS)는 독자 여러분의 책에 관한 아이디어와 원고 투고를 기쁜 마음으로 기다리고 있습니다.
책 출간을 원하는 아이디어가 있으신 분은 다산북스 홈페이지 '투고원고'란으로 간단한 개요와 취지, 연락처 등을 보내주세요.
머뭇거리지 말고 문을 두드리세요.